UNIVERSITÉ DE FRANCE.

ACADÉMIE DE STRASBOURG.

ACTE PUBLIC
POUR LE DOCTORAT

PRÉSENTÉ

A LA FACULTÉ DE DROIT DE STRASBOURG

ET SOUTENU PUBLIQUEMENT

LE JEUDI 26 JUILLET 1860, A MIDI,

PAR

PHILIPPE-FRÉDERIC LAUTH,

AVOCAT,

DE STRASBOURG (BAS-RHIN).

STRASBOURG,

IMPRIMERIE DE VEUVE BERGER-LEVRAULT, IMPRIMEUR DE L'ACADÉMIE.

1860.

A LA MÉMOIRE DE MON PÈRE.

A MA MÈRE.

P. F. Lauth.

FACULTÉ DE DROIT DE STRASBOURG.

PROFESSEURS.

MM. AUBRY ❋, doyen . . Droit civil français (1re chaire).
HEPP ❋ . . . . . . Droit international.
HEIMBURGER . . . . Droit romain (1re chaire).
THIERIET ❋ . . . . Droit commercial.
RAU ❋. . . . . . . Droit civil français (2e chaire).
LAMACHE ❋ . . . . Droit administratif.
DESTRAIS . . . . . . Procédure civile et Législation criminelle.
N. . . . . Droit romain (2e chaire).
N. . . . . Droit civil français (3e chaire).

MM. LEDERLIN, professeur agrégé.
MUGNET, professeur agrégé.

M. BÉCOURT, officier de l'Université, secrétaire, agent comptable.

COMMISSION D'EXAMEN.

MM. AUBRY, Président de l'acte public.
HEPP,
HEIMBURGER,
THIERIET,
LEDERLIN, } Examinateurs.

La Faculté n'entend ni approuver ni désapprouver les opinions particulières au candidat.

DROIT ROMAIN.

DE LA COMPENSATION.

INTRODUCTION.

Lorsque deux personnes sont débitrices l'une envers l'autre, leurs dettes s'éteignent et s'acquittent, si elles sont égales; sinon la dette la plus forte n'est éteinte que jusqu'à concurrence de la somme qui forme l'objet de la dette la plus faible.

Ce mode d'extinction des dettes est appelé compensation. Les Romains le définissaient : *Compensatio est debiti et crediti inter se contributio* (L. 1, D. *De compensationibus*). Il fut introduit pour éviter d'inutiles déplacements de fonds. *Compensatio necessaria est, quia interest nostra potius non solvere, quam solutum repetere* (L. 3, D. h. t.). C'est ainsi que Pomponius en explique l'utilité. (Il est préférable pour notre intérêt, de retenir ce que nous avons entre les mains que de redemander en justice ce que nous avons payé.)

La compensation ne figure pas parmi les modes de dissolution des obligations du Droit civil.

En effet, lorsqu'il y a lieu à compensation, il n'y a pas dissolution d'une obligation; les obligations subsistent, mais le débiteur peut écarter la demande au moyen de l'exception de compensation.

Dans cette matière comme dans toutes les autres, le droit n'est pas arrivé du premier coup à la simplicité. Les règles étroites et rigoureuses, dont il se composait d'abord, se sont modifiées, élargies graduellement en suivant les progrès de la civilisation.

Nous allons rechercher comment et à quelle époque la compensation fut établie; nous examinerons les changements qu'elle a subis, les particularités qu'elle offre et à quelles conditions elle est soumise dans le dernier état du droit.

CHAPITRE I.

Aperçu historique.

Aux premiers temps de Rome, à l'époque des actions de la loi, la compensation ne paraît pas avoir été admise en justice. Cependant il est une de ces actions, *actio per judicis postulationem,* qui laissait au juge une latitude d'appréciation suffisante pour décider qu'il y avait compensation, quand le cas se présentait.

Nous ne connaissons cette action que très-imparfaitement, la formule ne nous en est point parvenue; mais un passage de Cicéron nous fait voir qu'elle servait à poursuivre en justice les obligations que, sous la procédure formulaire, l'on recouvrait à l'aide des actions de bonne foi.

Dans ces temps reculés, la compensation, si tant est qu'elle ait été connue, a dû être un mode d'arrangement entre les parties, plutôt qu'un moyen de droit.

Nous ne trouvons de règles sur cette matière qu'à

l'époque de la procédure formulaire, c'est-à-dire, au sixième siècle de Rome.

Gaïus expose ces règles dans ses Instituts (Gaïus, l. 4. 61-68). La compensation, dit-il, ne peut avoir lieu que dans les actions de bonne foi (*bonæ fidei judicia*).

On appelait actions de bonne foi, celles qui, tout en posant la question de droit au juge, l'autorisaient à prendre en considération toutes circonstances de fait et d'équité. Dans les actions de Droit strict, au contraire, le juge était astreint à la solution pure et simple de la question de droit.

Ainsi la rédaction de la formule déterminait l'étendue des pouvoirs du juge; suivant qu'elle le renfermait dans la décision d'une question de Droit civil, ou qu'elle l'investissait de pouvoirs plus étendus, le juge constitué était un *judex* proprement dit, ou un *arbiter*.

Dans le principe, les actions civiles étaient toutes de Droit strict; les actions de bonne foi s'introduisirent plus tard à mesure que le droit progressait. Gaïus nous en donne l'énumération. *Sunt autem bonæ fidei judicia hæc: ex empta vendita, locata conducta, negotiorum gestarum, mandati, depositi, fiduciæ, pro socio, tutelæ, commodati* (Gaïus, *ibid.*). Dans toutes ces actions, chaque fois que les dettes provenaient de la même cause (*ex eadem causa*), le défendeur n'était condamné que jusqu'à concurrence du reliquat.

On appelait dettes *ex eadem causa*, celles qui résultaient d'un même fait, d'un même contrat.

En pareil cas, la formule autorisait le juge à prendre en considération toutes les obligations nées de ce fait ou de ce contrat; mais les parties ne pouvaient opposer la compensation, en se fondant sur une dette provenant d'un autre fait ou d'un autre contrat.

Le juge n'était pas obligé d'opérer la compensation, et, s'il ne le faisait, l'action primitive subsistait pour le demandeur, car la compensation, nous l'avons dit, n'était pas un mode de dissolution d'obligations.

Le juge avait pouvoir d'opérer la compensation sans que la formule en fît mention d'une manière spéciale; elle avait lieu *ipso jure*, *ex officio judicis*.

Sous le système formulaire, il fallait donc que les créances fussent nées *ex eadem causa;* mais il n'était nullement nécessaire qu'elles eussent pour objet des choses de même nature et pouvant se remplacer l'une par l'autre, comme de l'argent, du blé, du vin, etc. Ces objets pouvaient être de différentes espèces; ainsi il pouvait y avoir d'un côté une somme d'argent et de l'autre une chose mobilière ou immobilière comme dans la vente; car dans la procédure formulaire le juge appréciait tout en argent, ce qui rendait la compensation d'un accomplissement facile.

On comprend aisément pourquoi le droit de compenser du juge était limité aux obligations *ex eadem causa*, quand on se rappelle que le juge romain était un homme privé, magistrat éphémère, institué par le prêteur pour une affaire unique et déterminée.

Dans certains cas la compensation était soumise à des règles spéciales. Il en était ainsi, par exemple, pour les *argentarii*.

La profession d'*argentarius* ou de *trapezita* (du nom de la table sur laquelle l'argent était exposé), est une de celles que Rome emprunta à la Grèce.

Cicéron nous apprend que les *argentarii* étaient quelquefois nommés par les villes. (*Pro Flacco, 9.*)

Leurs opérations consistaient à faire le change, à essayer les monnaies, à recevoir en dépôt des fonds dont ils payaient les intérêts et à prêter de l'argent (Saumaise, *De fœnore trapezitiæ*, p. 551, 552, 582). Ils avaient le monopole du change, mais non celui du prêt d'argent (*fœnus*) [*Ibid.*, 552]. Les particuliers avaient aussi le droit de prêter à intérêt.

Les *argentarii* devaient tenir leurs comptoirs ouverts toute l'année; ils pouvaient les vendre, les louer, les faire exploiter par des préposés et par des esclaves.

Lorsqu'un *argentarius* agissait contre un de ses clients pour se faire payer ce qui lui était dû, il était obligé d'opérer lui-même la compensation, c'est-à-dire, de n'actionner son client qu'en paiement du reliquat dont celui-ci restait débiteur envers lui. Si l'*argentarius* demandait plus que le montant de ce reliquat, il y avait, de sa part, plus-pétition, et il se trouvait déchu de son action; il devait comprendre la cause de la compensation dans l'*intentio*.

Cette espèce de compensation n'avait lieu que pour les objets de même nature et de même genre. Ainsi une somme d'argent en compensait une autre, du blé compensait du blé, etc. Gaïus nous apprend que certains jurisconsultes exigeaient, pour qu'il y eût compensation, que le blé ou le vin des deux parties fussent de même qualité.

On voit que la compensation s'opérait ici dans des conditions tout autres que celles qui existaient, sous le système formulaire, pour les actions ordinaires; en effet, nous avons vu ci-dessus que, dans les contestations ordinaires, chacune des obligations admises en compensation pouvait avoir un objet différent; puisque toute obligation se réduisait toujours, pour le juge, en une appréciation en argent. (Gaïus, l. 4, 62-66.)

Le *bonorum emptor,* c'est-à-dire, celui qui achetait les biens d'un débiteur insolvable, en offrant à ses créanciers le moins de perte possible, devait agir, déduction faite de ce qu'il devait lui-même.

Il n'était pas nécessaire qu'une dette fût exigible pour qu'il y eût lieu à *deductio;* ce qui était dû à terme pouvait se déduire aussi bien que ce qui était échu.

Une autre différence entre la déduction et la compensation consistait en ce que cette dernière ne s'opérait que quand les créances avaient des objets de même genre; il n'en était pas de même pour la *deductio.* L'acquéreur de biens (*bonorum emptor*) réclamant une somme d'argent et devant lui-même du blé ou du vin, ne pouvait poursuivre que pour ce qui lui restait dû après déduction de la valeur du blé ou du vin.

La compensation a sa place dans l'*intentio* de la formule; celui qui oublie de l'opérer en s'adressant au magistrat perd son action. La déduction est comprise dans la *condamnatio :* de sorte qu'on n'encourt pas la déchéance pour plus-pétition, quand, dans cette partie de la formule, on demande plus qu'il n'est dû. (Gaïus, l. 4, *ibid.*)

La compensation s'étendit aux actions *stricti juris,* qui ont pour base des obligations unilatérales, par le moyen de l'exception de dol. Comme on ne pouvait répondre à une telle action par une action née du même contrat, il fut admis en droit qu'il y avait dol toutes les fois qu'on demandait ce qu'on était obligé de rendre immédiatement (*Dolo facit qui petit quod redditurus est* D. l. 44. *De doli mali exceptione*); parce qu'on était débiteur pour une autre cause, *ex dispari causa*).

L'exemple cité au Digeste est celui d'un héritier à qui le testateur a enjoint de ne pas actionner un débiteur et que ce dernier repousse par l'exception du dol.

C'est un rescrit de Marc-Aurèle qui introduisit la compensation dans les actions de droit strict et l'établit comme règle. (*Inst.* l. 4, t. 6, § 30.)

Il fallait, pour opérer la compensation, dans ces actions, obtenir que le prêteur mît l'exception de dol dans la formule. Cette exception avait pour effet de faire absoudre le défendeur en état de la justifier; c'est ce que démontre la formule suivante : *Si in ea re nihil dolo malo Auli Agerii factum sit, neque fiat.... condemna; si non paret, absolve* (Gaïus, l. 4, 119). On voit que le juge se trouvait placé dans l'alternative de condamner ou d'absoudre. L'opinion de ceux qui lui confèrent ici le pouvoir d'opérer la compensation entre les dettes et les créances respectives est évidemment erronée. L'effet général des exceptions, en Droit romain, était d'ailleurs de faire absoudre le défendeur.

Cependant la compensation n'était pas un mode d'extinction des obligations; l'obligation subsistait, mais elle cessait de produire son effet juridique au moyen de l'exception de dol. Il est vrai que la *condictio in debiti* était accordée à celui qui payait, par erreur, une dette qu'il aurait pu compenser; néanmoins il ne faut pas conclure de là que la dette fût éteinte, car la *condictio in debiti* se donnait à celui qui acquittait, par erreur, une obligation contre laquelle il aurait pu se défendre par une exception perpétuelle. *In debitum autem solutum accipimus, non solum si omnino non debetur, sed etsi per aliquam exceptionem perpetuam peti non poterat.* (L. 26, D. *De cond. ind.*)

Bien que la compensation ne fut admise qu'au moyen de l'exception de dol, elle produisait son effet *ipso jure, ex tempore ex qua ab utraque parte debetur,* c'est-à-dire, qu'elle avait un effet rétroactif et était censée opérée au moment même où les créances réciproques avaient pris naissance. C'est là le sens du rescrit de l'empereur Alexandre. (L. 4. *C. de compensationibus.*)

Ici nous ne devons pas attacher à l'expression *ipso jure* le sens qu'elle a lorsqu'il s'agit de la compensation qu'on oppose à l'*argentarius,* car, dans ce dernier cas, il n'est pas nécessaire de se servir d'exception.

Nous venons de voir les progrès du droit en matière de compensation jusqu'aux modifications introduites par Justinien. Cet empereur rendit communes à tout le monde les règles concernant l'*argentarius*, et dès lors les créances réciproques s'éteignirent toujours jusqu'à concurrence de ce qui était également dû par l'une et par l'autre des parties. C'est ce que nous apprend Théophile, dans sa paraphrase des Institutes de Justinien (§ 30).

Nous allons examiner les conditions de la compensation dans le dernier état du Droit.

CHAPITRE II.

Manière dont la compensation s'opère; ses effets.

La compensation a lieu, *ipso jure*, chaque fois que deux demandes du même genre sont introduites par les parties. Celle des parties qui veut se libérer par voie de compensation doit en exprimer l'intention devant le juge, car il n'a pas le droit de suppléer ce moyen, si ce n'est dans le cas où ses fonctions l'obligent à veiller aux intérêts du défendeur.

Si la compensation n'a pas été opposée par le débiteur actionné, c'est, ou bien parce que ce débiteur a payé par suite d'erreur, et alors il peut se faire rendre ce qu'il a donné indûment (L. 10, D. h t.); ou bien parce qu'il a volontairement omis la compensation à laquelle il avait droit. Dans ce dernier cas le débiteur renonce à la compensation; mais comme il dépend de lui de l'opposer à son créancier, on ne saurait en conclure qu'il a entendu faire donation à son créancier de ce que celui-ci lui doit (L. 2, D. h. t.). La volonté de faire une libéralité n'est pas démontrée, parce qu'un débiteur plusieurs fois actionné n'a jamais opposé la compensation.

L'exception de la compensation peut être invoquée non-seulement avant, mais après la litiscontestation, en tout état de cause (L. 2, *De compensationibus*).

Si le débiteur actionné a opposé la compensation, mais que sa demande n'ait pas abouti et qu'il ait été condamné à payer, il faut distinguer; ou le juge l'a déclaré mal fondé en sa demande, parce qu'il ne lui était rien dû, et ici le débiteur perd toute action il ne peut former aucune demande ultérieure, ou le juge n'a pas pris en considération l'exception opposée, parce que la créance n'était pas liquide; dans ce cas le débiteur peut poursuivre ses droits en justice en formant une demande spéciale (L. 7, D. h. t.).

Nous avons vu la différence qui existait dans l'ancien Droit entre les actions *bonæ fidei* et les actions *stricti juris*, sous le rapport de la compensation. L'exception de dol, au moyen de laquelle la compensation avait lieu dans les actions de Droit strict, devait être opposée dès le commencement de la litiscontestation sous peine de déchéance.

Justinien ayant supprimé toute différence entre les diverses actions, la compensation, dans le nouveau Droit, a toujours lieu *ipso jure*, et son effet remonte au jour de la coexistence des deux créances. *Si constat pecuniam invicem deberi, ipso jure pro soluta compensationem haberi oportet ex eo tempore ex quo ab utraque parte debetur, utique quoad concurrentes quantitates, ejusque coluis quod amplius apud alterum est, usuræ debentur, si modo petitio eorum substitit* (L. 4, *C. de compensationibus*).

Par suite de cet effet rétroactif, c'est du jour de la coexistence des deux créances que les intérêts cessent de courir (L. 11 et 12, D. h. t., L. 5, Code de comp.), que les cautions sont libérées (L. 4, D. h. t.), les hypothèques purgées (L. 43, D., *De solutionibus*) et que les gages doivent être restitués (L. 12, C. h. t.).

La promesse de payer, faite par serment, ne forme point obstacle à la compensation, si d'ailleurs il ne résulte pas des circonstances qu'on ait eu l'intention d'y renoncer.

Cette intention est suffisamment démontrée quand le débiteur jure de payer en espèces, et que sa créance existe lors du serment; car, dans ce cas, le serment n'est prêté que pour exclure la compensation.

La renonciation à la compensation ne se présume pas.

Ici se présente la question de savoir si la compensation est admise dans un concours de créanciers.

Pour qu'il y ait concours de créanciers, il faut 1° que plusieurs créanciers aient formé des demandes, afin d'obtenir leurs parts dans la même masse; 2° que cette masse soit insuffisante; 3° qu'il ait été rendu une décision judiciaire déclarant l'existence du concours.[1]

La loi VI au Digeste, *quæ in fraudem creditorum facta sunt, ut restituantur*, nous apprend que, postérieurement à cette décision, aucun créancier ne peut recevoir le paiement de ce qui lui est dû au détriment des autres (D., l. 42, t. 8).

Si, au moment où la décision a été rendue, le débiteur commun avait une créance liquide et exigible à faire valoir contre l'un de ses créanciers, nous pensons qu'il y a lieu à compensation et que l'exception en peut être opposée au *curator bonorum*[2]. En effet, ce n'est là qu'une conséquence de ce principe que la compensation a lieu *ipso jure*, à l'instant même de la coexistence des deux créances.

Il y a aussi compensation dans le cas où le créancier

1. Dig. L. XLII, 3-8. — Code VII, 71-75.
2. *Ibid.*, 7.

qui a contracté une dette envers le débiteur commun ne s'est fait céder sa créance que dans le but de se servir du moyen de la compensation, à condition toutefois que la cession ait été antérieure au concours et que les deux dettes aient été exigibles.

Mais si la créance, que le débiteur commun peut faire valoir, était exigible avant le concours et qu'il en est autrement de celle du créancier qui se trouve en même temps débiteur, il n'y a pas lieu à compensation; car, dans ce cas, la compensation n'était pas opérée *ipso jure,* à l'époque du concours comme dans le cas précédent (L. 7, D. h. t.).

Le créancier dont les droits étaient liquides avant le concours et qui devient ensuite débiteur de la masse, peut opposer la compensation.

Quand celui qui doit au débiteur commun devient créancier de la masse, il peut aussi opposer la compensation.

CHAPITRE III.

Des dettes qui peuvent s'éteindre par la compensation.

Nous avons dit qu'il y a lieu à compensation toutes les fois que deux personnes sont débitrices l'une de l'autre. Cet effet se produit lors même que les créances sont inégales.

Quand une créance peut être éteinte par quelque exception, on ne peut demander qu'elle soit compensée (L. 14, D. h. t.). Il en est ainsi, par exemple, des dettes de jeu et des demandes auxquelles on répond par les exceptions *pacti conventi*, *doli, rei judicatæ*, *jurisjurandi. Nihil enim interest ipso jure quis actionem non habeat, an per exceptionem infirmatur* (L. 12, D., *de div. reg. juris*).

Il est indifférent, au point de vue de la compensation, qu'une demande soit fondée sur une obligation civile ou sur une obligation naturelle. En effet, une obligation naturelle, bien que ne donnant aucune action en justice, peut servir à effectuer la compensation, si toutefois elle est de celles qui autorisent à contraindre le débiteur par les voies de droit (L. 6, D. h. t.).

La restitution due à celui qui a été injustement condamné n'est pas comprise dans les obligations naturelles dont il s'agit ici; l'argent payé par suite d'un jugement ne peut être répété ni entrer en compensation.

La compensation porte sur les créances pour le recouvrement desquelles on a déjà formé des demandes en justice, sans qu'il y ait eu jugement; sans cela le créancier souffrirait de sa diligence à poursuivre sa dette (L. 8, D. h. t.).

Lorsqu'une dette est éteinte par la prescription, le créancier peut-il la faire entrer en compensation?

Cette question, sur laquelle les jurisconsultes ne sont pas d'accord, nous paraît d'une solution facile; car en examinant l'effet juridique de la prescription, nous voyons qu'il consiste à anéantir l'obligation civile, tout en laissant subsister l'obligation naturelle. Mais nous avons vu qu'une obligation naturelle permet d'invoquer la compensation à celui envers qui elle est contractée; il faut donc décider qu'une dette prescrite fait naître le même droit.

Nous conclurons du même principe que celui des créanciers d'un même débiteur, qui ne se présente pas au concours et se trouve par là exclu du partage de la masse, peut, si le débiteur l'actionne plus tard, lui opposer la compensation.

On peut opposer la compensation au créancier à qui l'on doit le prix d'une vente.

Les obligations qui naissent d'un délit, en tant qu'il s'agit d'actions civiles, peuvent s'éteindre par voie de compensation. Celui qui est actionné pour l'exécution d'une pareille obligation peut se servir de ce mode d'extinction, peu importe que sa propre demande soit fondée sur un délit ou sur un contrat (L. 10, D. h. t.).

Nous voyons qu'il y a ici compensation entre les créances; la différence des causes n'y forme point obstacle.

Mais peut-il s'opérer une compensation entre les délits, de telle sorte que nulle obligation ne puisse naître d'un délit dont la victime est en même temps l'auteur d'un autre délit?

Remarquons d'abord que la compensation ne saurait jamais arrêter l'action publique; car il n'y a devant elle ni crimes, ni délits réciproques. S'il s'agit de la réparation des préjudices causés à des particuliers, il est nécessaire de distinguer les délits de même espèce de ceux qui sont de nature différente. Au premier cas il y a lieu à compensation; c'est ce qu'enseigne Papinien: *Paria delicta mutua pensatione dissolvuntur* (L. 39, D. *Soluto matrimonio*). Nous trouvons un exemple de ce genre de compensation au titre du Digeste qui nous occupe. Il s'agit de deux associés coupables d'une négligence égale dans les affaires de la société; il y aura ici lieu à compensation, par cela seul que les fautes ont été commises et avant qu'elles ne soient évaluées en argent.

Mais s'il s'agit de délits de diverses espèces, il faut admettre la solution contraire. Dans ce cas la compensation ne s'opérera pas immédiatement; seulement, quand les deux parties auront formé leurs demandes respectives en justice et que le juge aura estimé les préjudices, le débiteur de la somme la plus forte ne sera tenu que jusqu'à concurrence du reliquat qui existera après déduction de la plus faible somme.

Si, lors de la passation d'un contrat, il y a eu fraude des deux parties, la compensation s'opère (L. 36, D., *De dolo malo*).

Si deux époux se sont rendus coupables d'adultère, ni l'un ni l'autre ne peut demander le divorce; il en est de même si la femme a commis le délit d'adultère avec le concours du mari (L. 39, D., *Soluto matrimonio*. — L. 47. *Ibid.*).

Il y a lieu à compensation entre les injures de même espèce et que la loi place au même degré. Un dol, par exemple, ne compense pas une faute, et une simple injure ne saurait compenser un vol; seulement, dans ces divers cas, il peut y avoir compensation lorsqu'il s'agit d'exécuter les obligations nés des faits illicites.

La compensation peut aussi servir à amortir l'effet d'une action noxale, c'est-à-dire d'une de ces actions qui sont nées des fautes et délits des esclaves (L. 1, D., *De noxalibus actionibus*. — L. 10, D. h. t.).

Enfin les obligations prétoriennes qui produisent une espèce d'action peuvent s'éteindre par la compensation (L. 10, D. h. t.).

Ulpien observe ici que, suivant le jurisconsulte Julien, elle peut être opposée tant lors de l'obligation même que lorsqu'on intente l'action à laquelle elle donne lieu. Cette opinion s'explique aisément par la manière dont se contractaient ces obligations (L. 1, D., *De stipulationibus prætoris*. — Vinius, *Comment.*).

Pour que deux créances puissent se compenser, il faut qu'elles aient des objets de même genre; car, sans cela, un créancier recevrait malgré lui un objet autre que celui qu'on lui doit. Ainsi une dette d'argent en compense une autre, du blé compense du blé, du vin compense du vin, etc.

Justinien décide qu'il peut y avoir compensation entre toutes les actions tant personnelles que réelles (L. ult. C. h. t.); mais il ne suit nullement de là qu'une créance, ayant pour objet une espèce, en compense une autre ayant pour objet une quantité. Nous ne voyons pas ici que cet empereur ait eu l'intention de modifier l'ancien Droit.

Quand les deux créances ont pour objet un genre, il y a lieu à compensation, si toutefois le choix appartient au créancier, et si, des deux côtés, on a promis le même genre.

Lorsqu'une personne doit à une autre une somme sans intérêts et que celle-ci doit à la première une somme avec intérêts, la compensation s'opère et les intérêts ne sont pas dus pour les sommes que ces personnes se doivent réciproquement (L. 11, D. h. t.). C'est ce qu'a ordonné l'empereur Sévère.

Quand il s'agit de deux obligations de faire, il n'y a pas lieu à compensation.

Il est un cas où Justinien décide que la compensation ne s'opère pas, lors même que les deux créances sont compensables; c'est quand le dépositaire est actionné en restitution de l'objet déposé, et cela est vrai soit qu'on lui demande l'objet en nature, soit qu'on lui réclame le prix de cet objet (L. ult., C. h. t.).

La compensation n'est pas accordée à celui qui détient à tort la chose d'autrui. *Spoliatus ante omnia est restituendus* (L. ult., C. h. t.).

Les créances doivent être liquides ou faciles à liquider. Une créance est liquide quand le débiteur à qui on l'oppose l'avoue, ou quand elle est légalement justifiée (L. ult., C. h. t.).

A quel moment une créance doit-elle être liquide pour donner lieu à compensation? Si le débiteur actionné, qui oppose la compensation dès le commencement du procès, veut s'en servir comme d'un moyen péremptoire contre le demandeur, il faut que sa créance soit liquide à ce moment même; mais s'il ne veut pas qu'elle produise cet effet, il est admis à justifier son exception et à prouver sa créance. Voilà la règle générale en matière d'exceptions (L. 9, C. *de exceptionibus*. L. 1, C. *de probat.*). En pareil cas le défendeur peut établir son exception, par tous les moyens que la loi met à sa disposition. Ce que dit Justinien (L. ult., C. h. t.) ne s'applique qu'au cas où la compensation n'est pas opposée dès l'ouverture de l'instance.

Quand l'exception de la compensation est opposée au demandeur après une décision judiciaire, il faut que la créance soit immédiatement liquide. *Satis enim miserabile est, post multa forte variaque certamina, cum res jam fuerit approbatur, tunc ex altera parte quæ jam pereconcinctu est, apponi compensationem jam certa est indubitata debita, et moratoriis unbagibus spem condemnationis excludi* (L. ult., C. h, t.).

Il en est de même si l'on veut se servir de cette exception contre l'exécution d'un jugement.

Celui qui veut opposer la compensation au fisc, a deux mois pour prouver sa créance (L. 46, 4, D. *De jure fisc.*).

Pour qu'il y ait lieu à compensation, il faut en outre que les créances soient exigibles (L. 7, D. h. t.). Ce qui est dû à terme et ce qui est dû sous condition, ne peut servir à compenser avant l'échéance du terme ou l'accomplissement de la condition, à moins que le terme et la condition n'aient été stipulés dans l'intérêt du créancier.

Une dette est exigible nonobstant les délais accordés pour l'exécution du jugement (L. 16, D. h. t.). Le délai que le débiteur obtient de l'humanité de son créancier, ne fait pas obstacle à la compensation.

La dette doit, de plus, être déterminée, c'est-à-dire, que son objet doit être certain (L. 22, D. h. t.). Ainsi il ne peut y avoir compensation si le débiteur est obligé de fournir un esclave ou une somme d'argent au choix du créancier, tant que celui-ci n'a pas fait son choix.

La diversité des lieux où les paiements sont stipulés ne fait point obstacle à la compensation; mais il faut prendre en considération l'intérêt que le créancier peut avoir à recevoir dans un certain lieu, puisqu'il est évident que la même somme peut valoir plus dans tel endroit que dans tel autre.

La différence des causes des dettes réciproques ne détruit pas non plus l'effet de la compensation.

CHAPITRE IV.

Personnes à qui l'on peut opposer la compensation.

Toute personne actionnée peut opposer la compensation à la demande de son créancier, s'il est en même temps son débiteur (L. 2, D. h. t., L. 11, C. *eodem*).

On peut opposer la compensation à une cité et au fisc (L. 13, D. h. t.). Mais pour qu'on puisse faire valoir la compensation contre le fisc, il faut que le débiteur actionné ait une créance contre le bureau même qui le poursuit. Cette règle établie, afin d'éviter toute confusion et toute erreur dans les comptes, ne lui permet pas de faire entrer en compensation ce qui lui est dû par tout autre bureau dépendant également du fisc. (L. 1, T. h. t.)

Quand c'est le fisc lui-même qui poursuit un débiteur, celui-ci est admis à se servir de la compensation. (L. 24, D. h. t.)

Les cas, dans lesquels on ne peut repousser le fisc par ce moyen, sont énumérés au Code (L. 3 h. t.). Cette exception n'appartient pas au débiteur qui a reçu, de l'État, un prêt d'argent à intérêts. Un tel débiteur était appelé *debitor ex calendaria*.

Calendarium était le nom du registre où l'on inscrivait les noms de ceux qui devaient de l'argent à l'État. Les emprunts avaient lieu le premier de chaque mois[1] ainsi que l'échéance des intérêts.

1. *Calendæ*.

Tout créancier avait son *calendarium;* les particuliers aussi bien que les cités et le fisc.

La compensation est encore refusée pour les dettes d'impôts, de droits d'octroi, de prestations en nature ou en espèces, destinées à l'alimentation publique. (L. 3, C. h. t.)

Le fournisseur condamné pour n'avoir pas rempli ses engagements relativement à l'approvisionnement des troupes en campagne ne peut se servir de la compensation. (L. 20, D. h. t.)

Il en est autrement de l'édile condamné pour avoir distribué, pendant le temps de son édilité, une insuffisante quantité de blé; cet édile ne saurait être assimilé à un marchand de blé coupable de fraude et il a droit à la compensation. (L. 17, D. h. t.)

On ne peut faire entrer en compensation ce qu'on doit à l'État pour l'entretien des pauvres et des nécessiteux (L. 3, C. h. t.). Il en est de même de l'argent destiné à payer les frais des fêtes publiques (*Ibid.*) et des fidéicommis dus à l'État.

Celui qui doit le prix d'une vente au fisc ne peut se libérer par voie de compensation. (L. 7, C. h. t.)

On sait que la compensation ne porte que sur les créances de personnes réciproquement liées l'une envers l'autre. Un créancier n'est donc pas tenu de laisser entrer en compensation ce qu'il doit, non pas à son débiteur, mais à un tiers; cela est vrai même dans le cas où le débiteur agit avec le consentement du tiers. *Creditor compensare non cogitur quod alii quam debitori suo debet; quamvis creditore ejus pro eo qui convenitur ob debitum proprium, velit compensare.* C'est ainsi que s'exprime Papinien (L. 18, D. h. t.), Gordien donne la même solution (L. 9, C. h. t.). *Ejus quod non ei debetur, qui convenitur, sed alii, compensatio fieri non potest.*

Papinien cite l'exemple d'un soldat laissant deux héritiers, dont l'un recueille le pécule castrense et l'autre le reste des biens du défunt. Il y a, dans ce cas, deux successions différentes, indépendantes l'une de l'autre.

Les dettes contractées en considération du pécule castrense, restent à la charge de l'héritier qui l'acquiert; toutes les autres dettes doivent être payées par le second héritier. En conséquence, le débiteur qui est actionné par l'un des héritiers, ne peut lui opposer la compensation en se fondant sur la créance qu'il a contre l'autre. (L. 16, D. h. t.).

Le tuteur personnellement actionné ne peut compenser à l'aide de la créance de son pupille (L. 23, D. h. t.). Si c'est le créancier du pupille qui actionne celui-ci, le tuteur ne peut compenser en se fondant sur sa propre créance. Ce sont là des conséquences du principe ci-dessus établi, que la compensation ne porte que sur les créances de personnes réciproquement débitrices l'une de l'autre. On sait de plus que le tuteur ne saurait devenir ni créancier, ni débiteur de son pupille.

Lorsque le tuteur actionne le débiteur du pupille, ce débiteur ne peut faire entrer en compensation sa créance contre le tuteur; car, dans ce cas, c'est le pupille qui este en justice.

Lorsque plusieurs tuteurs se partagent l'administration des biens d'un pupille, le débiteur que l'un d'eux actionne, peut demander à compenser pour ce qu'on lui doit en vertu du contrat passé avec un autre dans l'intérêt du pupille ; car il n'est plus question ici de la dette d'un tiers, vu que les tuteurs agissent tous pour le mineur. (L. 36, D. *De administratione tutorum.*)

Il y a lieu à compensation quand il s'agit de la dette ou de la créance d'un tiers qui a cessé de l'être, en venant se mettre au lieu et à la place de l'une des parties. Ainsi l'héritier, continuant la personne de son auteur, peut opposer la compensation à son propre créancier qui doit au défunt. Réciproquement le débiteur de l'héritier peut compenser pour ses créances contre le défunt. En pareil cas il y a lieu à compensation, bien que l'héritier ait accepté *cum beneficio inventarii*, car il n'en continue pas moins la personne de son auteur. Seulement quand l'héritier a fait cette réserve en acceptant, le créancier du défunt qui peut compenser, est tenu de fournir caution de restituer ce qu'il pourrait recevoir de trop par l'effet de la compensation. (L. 25, D. *De fam. ercisc.* L. 9, D. h. t.)

Le cessionnaire d'une créance est subrogé à tous les droits et actions du cédant. S'il agit contre son débiteur, celui-ci peut faire entrer en compensation, non-seulement ce que le cessionnaire lui doit de son chef, mais encore ce qui lui était dû par le cédant. Cela est vrai de toute dette que le cédant peut avoir contractée au profit du *debitor cessus*, même de celle née après la cession, mais avant la signification à ce débiteur, puisque, dans cet intervalle, ce dernier doit toujours considérer le cédant comme son créancier. (L. 3, *C. de novationibus.*)

Peu importe que la cession soit volontaire ou judiciaire, à titre onéreux ou à titre gratuit. Il est également indifférent que la dette soit celle du premier cédant ou celle du second, troisième, etc.

Un créancier ne peut plus céder sa créance au moment où elle se trouve éteinte par la compensation.

Le cessionnaire (*procurator in rem suam*) actionné peut compenser pour ce que son créancier doit à son cédant. (L. 15, D. h. t.)

Tout cessionnaire avait besoin, dans l'ancien Droit, d'un pouvoir spécial pour exercer ses droits en justice; de là vient le nom de *procurator in rem suam*. Ce pouvoir n'est plus nécessaire sous Justinien, mais la cession d'actions n'en produit pas moins tous ses effets, et le cessionnaire exerce son droit au moyen d'une action utile (*actio utilis*).

Suivant Papinien, le cessionnaire (*procurator in rem suam*) ne peut opposer la compensation qu'après la litis-contestation. (L. 15, D. h. t.)

Mais remarquons qu'il s'agit ici du cas où le *procurator in rem suam* se trouve actionné après cette litis-contestation par le *debitor cessus* (L. 18, D. h. t.). D'ailleurs, Ulpien dit formellement : *Qui enim suo nomine utiles actiones habet, rite eas intendit.* (L. 55, D. *De procurator.*)

Jamais un mandataire (*procurator in rem alienum*) ne peut opposer la compensation à son créancier pour ce que celui-ci doit au mandant. (L. 9, l. h. t.)

Si le mandataire est actionné comme tel et au nom du mandant, il peut opposer la compensation pour les créances de ce dernier. (L. 24, D. h. t.)

Le jurisconsulte Paul dit que le procureur d'un absent ne doit pas donner caution que le maître ratifiera ce qu'il aura fait; parce que c'est moins, en ce cas, une compensation qui intervient, que la réduction de la demande du créancier à une moindre somme qui se fait dès l'origine. (*Ibid.*)

Le père contre qui on intente l'action *de peculia*, peut compenser pour ce qui est dû au fils à raison de son *peculium profectitium*. Réciproquement le fils de famille qu'on actionne, peut demander la compensation pour la créance du père; mais il doit donner caution que le père ratifiera la compensation. (L. 9, D. h. t.)

Lorsqu'un fils de famille forme une société avec un tiers, en engageant son *peculium profectitium*, le père se trouve lié par ce contrat, puisqu'il en profite. Mais il y a cette différence entre le fils et le père, que l'on peut intenter contre le premier l'action *pro socio* et lui réclamer le tout, et contre le second l'action *de peculio* seulement.

Celui qui, après avoir contracté une société avec un esclave, se trouve actionné par le maître, peut retenir, par compensation contre lui, tout ce qui est dû en vertu de cette société. (L. 9, D. h. t.)

La caution peut faire entrer en compensation la créance du débiteur principal, si elle est actionnée à raison de sa garantie; car il est hors de doute que la caution ne saurait être tenue au delà de la somme à laquelle le principal obligé pourrait être condamné. (L. 4, D. h. t.)

Si l'on actionne le débiteur principal, il ne peut opposer la compensation pour ce que son créancier doit à la caution.

L'associé qui s'est obligé solidairement avec son coassocié, peut compenser pour ce que l'on doit à ce dernier. Mais quand cette solidarité n'existe pas, la compensation n'est point admise, ainsi que le dit Papinien. (L. 10, D. *De duobus reis.*)

DROIT FRANÇAIS.

DES SOCIÉTÉS ANONYMES.

CHAPITRE I.

Origine des sociétés anonymes.

Les sociétés anonymes prirent naissance en Hollande, chez ce peuple commerçant par excellence; elles s'introduisirent ensuite en Angleterre et en France, où beaucoup de compagnies se formèrent pour le commerce maritime, durant le règne de Louis XIV. Ces compagnies furent organisées sous forme de sociétés anonymes, bien qu'aucune loi n'eût été rendue sur les sociétés anonymes en général.

Nous ne trouvons pas, dans notre ancien Droit, un ensemble de règles fixes et invariables sur cette matière. Le gouvernement intervenait chaque fois qu'une pareille société se constituait et rendait pour chacune d'elles, une loi spéciale.

C'est ainsi que la déclaration de 1664 établit la compagnie des Indes orientales, dont voici les principales clauses :

La compagnie des Indes orientales est formée de

tout Français qui y voudra entrer, sans que, pour cela, il y ait dérogeance.

Chaque part ne pourra être moindre de 1000 liv. Elle sera versée par tiers ; le premier tiers sera payé comptant pour le premier armement ; les deux autres en deux années consécutives, et par moitié dans les mois de décembre 1665 et 1666, « ce sous la peine à « ceux qui ne fourniraient pas les deux tiers dans ledit « temps, de perdre ce qu'ils auront avancé pour les « premiers et seconds paiements, qui demeurera au « profit de la masse de la société. »

« Nul intéressé ne pourra se retirer qu'en vendant son action. » Cette clause rendait la société perpétuelle et indissoluble par la volonté d'un seul ; pour sortir de l'indivision, il fallait vendre son action ; l'action était réputée meuble pour chaque associé.

« Les directeurs et les particuliers intéressés ne pourront être tenus, pour quelque cause et sous quelque prétexte que ce soit, de fournir aucune somme au delà de celle pour laquelle ils se seront obligés. »

« Les directeurs ne pourront être inquiétés ni contraints en leurs personnes et biens, pour raison des affaires de la compagnie. »

Les directeurs, au nombre de vingt et un, devaient être choisis par les intéressés des villes, parmi les actionnaires porteurs d'un certain nombre d'actions.

Les effets de la compagnie pouvaient être saisis par les créanciers des intéressés.[1]

---

1. Ordonnances de Louis XIV sur le commerce. T. IV. Bernier.

Nous trouvons là les principaux éléments de la société anonyme du Code de commerce.

Sous l'ancienne jurisprudence on donnait ce nom à ces sociétés éphémères appelées aujourd'hui associations en participation.

L'ordonnance du mois de mars 1673, sur les sociétés, ne parle pas de la société anonyme. Nous ne trouvons plus aucun texte législatif relatif à cette espèce de sociétés, jusqu''à leur suppression qui arriva le 26 germinal an II. A cette date, la Convention rendit une loi dont le premier article portait :

« Les compagnies françaises sont et demeurent sup-« primées. Il est défendu à tous banquiers, négociants « et autres personnes quelconques, de former aucun « établissement de ce genre, sous aucun prétexte et « sous quelque dénomination que ce soit. »

Le troisième article supprimait la compagnie des Indes. Mais deux ans plus tard, la loi du 30 brumaire an IV abrogea la loi du 26 germinal an II. Les sociétés anonymes redevinrent passibles, un grand nombre s'organisèrent; mais aucune loi n'en règla les principes, et la jurisprudence demeura longtemps indécise en cette matière.

Enfin les premiers titres du Code de commerce furent promulgués, et la société anonyme fut soumise à des règles fixes. (Code de commerce, t. III, art. 29 et suivantes.)[1]

Les dispositions du Code de commerce français ont été reproduites par les Codes de commerce espagnols,

1. La Banque de France fut établie antérieurement

portugais, hollandais et des deux Siciles. (Antoine de Saint-Joseph. Concordance des Codes de commerce.)

CHAPITRE II.

Caractère des sociétés anonymes.

Pour bien saisir la pensée du législateur, nous nous reporterons aux travaux préparatoires du Code de commerce.

« Les grandes entreprises commerciales, dit la commission dans son discours préliminaire, nécessitent une réunion de capitaux qui dépassent souvent les moyens de quelques particuliers. On crée un nombre déterminé d'actions, des actionnaires prennent part à l'entreprise dans la proportion qu'ils jugent convenable; les actionnaires ne sont assujettis qu'à la perte du montant de leurs actions. »

« Cette société diffère de la société en commandite, en ce qu'elle n'est connue que sous une qualification relative à son objet, et qu'elle est gérée par des administrateurs, au lieu que la société en commandite est gérée sous un nom social par des associés solidaires. » (Discours préliminaire de la commission du projet de Code de commerce.)

M. Regnaud (de Saint-Jean d'Angély) dans son exposé des motifs, s'exprime ainsi : « Dans la société anonyme, les associés ne sont pas invariablement fixés. La possession des actions leur donne le titre. La vente des actions les en dépouille. Le gérant peut n'être pas associé; il n'est pas responsable sur ses biens, même quand il est associé; le nom social peut n'être désigné que par l'objet de la société. Dans la société en commandite il y a nécessairement un associé gérant et responsable sur tous ses biens. Les autres sont des associés qui ne sont pas solidaires, et n'engagent que les fonds qu'ils mettent ou s'obligent de mettre en société. »

« Dans la société anonyme, on ne peut connaître les associés entre lesquels elle est formée; quand ils sont connus ils peuvent gérer sans responsabilité, sans solidarité générale. Dans la société en commandite, le commanditaire n'est pas caché, il est nommé dans l'acte de société; il répond directement, quoique seulement en proportion de sa mise; enfin il ne peut gérer sans devenir associé pur et simple et solidaire. »

Ce sont là les traits caractéristiques de la société anonyme. Avant de définir cette société, nous examinerons la question de savoir si elle est indifféremment civile ou commerciale.

M. Delangle se prononce pour la négative[1]. « D'une part, dit-il, la loi civile ne reconnaît pas de sociétés de capitaux ; toute société civile soumet les associés à l'obligation personnelle; c'est le principe fondamental; et, après l'avoir écrit avec une précision qui ne souffre pas la controverse, le Code déclare (art. 1873) que les dispositions de la loi civile s'appliquent aux sociétés de commerce, dans les points seulement qui n'ont rien de contraire aux lois et usages du commerce... Comment, dès lors, une convention qui ne comporte pas d'obligation personnelle pourrait-elle jamais être une société civile ? »

1. Des sociétés commerciales, par M. Delangle.

« D'autre part l'article 19 du Code de commerce exprime que la loi reconnaît trois espèces de sociétés commerciales : la société en nom collectif, la société en commandite et la société anonyme. Il n'y a pas de distinction entre ces trois formes sous lesquelles se produit la société commerciale. La société anonyme est placée sur la même ligne que la société en nom collectif et la société en commandite ; elle ne peut donc pas plus être une société civile que l'une ou l'autre de ces sociétés. »

Plusieurs arrêts ont été rendus dans ce sens.

Pour l'opinion contraire on dit que c'est la nature seule des opérations qu'une société se propose de faire, qui lui attribue la qualité de société civile ou commerciale, et non la forme sous laquelle elle est constituée.

Rien ne s'oppose, en effet, à ce qu'une société civile s'organise par actions au porteur ; l'appel des capitaux par la création des titres nommés actions, la transmissibilité de ces titres par la tradition manuelle ou par l'endossement, ne sont pas des combinaisons essentiellement commerciales ; les actions ne sont elles-mêmes des titres commerciaux qu'autant que la société a pour objet des affaires de commerce. Les titres au porteur ou cessibles par endossement sont à la vérité plus fréquemment employés dans les transactions commerciales que dans les transactions civiles ; mais il est incontestable qu'un billet à ordre, souscrit par un non-commerçant, circule au moyen d'endos aussi bien que la lettre de change, qui est, par elle-même, un acte de commerce, et que, malgré ce mode de transmission, il conserve son caractère purement civil. Aucun texte de loi n'établit d'ailleurs que les titres au porteur soient plus que les effets à ordre ou transmissibles par endossement, essentiellement commerciaux.[1]

Quand bien même on considérerait la forme des titres comme déterminant leur caractère, on n'en devrait rien conclure quant à la forme de l'association; la division du fonds social en actions est le fait social; quand les sommes nécessaires sont réunies, la combinaison qu'on voudrait faire réputer commerciale, est accomplie et ne peut exercer d'influence sur les opérations de la société qui sont complétement indépendantes des moyens employés pour attirer les capitaux.

A la vérité, pendant toute la durée de la société, les titres circulent au moyen d'endossement et se transmettent de la main à la main, mais ces transmissions seront personnelles aux associés et entièrement étrangères à la société.

On ne peut objecter que le bénéfice de n'être pas tenu des dettes au delà de leur mise de fonds, est tout spécial aux commanditaires dans les compagnies commerciales. La loi civile (art. 1863 C. Nap.) laisse aux associés la faculté de stipuler qu'ils ne seront tenus des dettes que proportionnellement à leur part dans la société.

Un arrêt de cassation du 14 décembre 1819 porte également que c'est la nature des opérations qu'une société se propose, qu'il faut considérer pour décider si elle est civile ou commerciale et que les associations pour une opération civile, restent civiles, malgré leur forme. Nous partageons cette opinion qui est celle de MM. Duvergier, Troplong, Malepeyre et Jourdain.

---

1. Cass., 10 avril 1829. — Nîmes, 23 mars 1830.

La société anonyme, dit M. Troplong, est une véritable république ; la commandite est une monarchie tempérée.

La société anonyme a cet avantage sur la société en commandite, que, les associés dispensés de toute solidarité, de toute responsabilité personnelle, peuvent surveiller la gestion de leurs affaires et devenir gérants eux-mêmes, tandis que les commanditaires sont obligés de se confier entièrement à la bonne foi des gérants, sous peine de se voir solidaires et responsables pour fait d'immixion.

La société anonyme constitue une personne juridique, représentée par ses administrateurs et directeurs et par ses actionnaires qui prennent, à la majorité des voix, toutes les mesures qu'exigent les intérêts communs.

Toute opération industrielle licite peut devenir l'objet d'une société anonyme ; telle est l'exploitation d'un brevet d'invention, la publication d'un journal. Mais cet objet peut également être une opération civile.

Une société peut être réputée société anonyme, bien qu'elle n'ait pas reçu cette qualification dans le contrat, si elle en a tous les caractères.

Si, malgré la qualification de société anonyme, une société agissait sous un nom social ou sous tout autre nom personnel, elle deviendrait société ordinaire soit en nom collectif, soit en commandite.

Nous définirons la société anonyme : une société d'actionnaires qui réunissent leurs capitaux pour une entreprise civile ou commerciale, administrée par des gérants, simples mandataires à temps, et révocables.

CHAPITRE III.

Constitution des sociétés anonymes.

SECTION I.

Acte public.

La société anonyme ne peut être formée que par acte public (C. comm. art. 40). L'acte public doit contenir l'engagement des associés en une forme telle, que leur mise sociale ou leur promesse de la fournir soit irrévocable, sans dépendre d'autre condition que de l'approbation demandée. Avant que l'approbation ne soit accordée, les associés ne sont réciproquement obligés que conditionnellement. Si elle est refusée, ils sont dégagés et considérés comme n'ayant jamais été associés.

L'acte de société ne doit pas être fait en brevet, mais en minute, afin que toute personne puisse toujours en prendre connaissance chez le notaire.

Il n'est pas nécessaire que les actionnaires soient dénommés dans l'acte de société, ni qu'ils soient parties au contrat. La qualité de parties au contrat n'appartient qu'aux fondateurs de la société, signataires de l'acte. Un notaire ne contrevient donc pas à l'article 8 de la loi du 23 ventose an XI en recevant l'acte d'une société anonyme dont un de ses parents ou alliés, au degré prohibé, est actionnaire ou administrateur, si d'ailleurs il n'est pas l'un des signataires.

De même la disposition de l'art. 25 de la loi du 25 ventose an XI, qui défend de délivrer, sans ordonnance de justice, des expéditions des actes notariés à d'autres qu'aux parties ou à leur ayants droit, n'est pas applicable à des conventions et à des statuts destinés à être portés à la connaissance du public.

Les fondateurs de la société passent ordinairement devant notaire l'acte social par lequel ils s'engagent à fournir leurs mises. Les statuts organiques, c'est-à-dire ceux qui règlent l'administration de la société, sont rédigés séparément, afin qu'ils puissent subir plus facilement les modifications imposées par le conseil d'État. Ils doivent être signés par tous les intéressés et contenir soumission de rédiger le tout en acte public lorsque le ministre le requerra.

Si, après l'obtention de l'autorisation impériale, des souscripteurs refusaient de conférer aux statuts l'authenticité voulue, ils pourraient être cités en justice, pour reconnaître les signatures apposées ou pour voir ordonner qu'elles seraient vérifiées. (C. pr. 193 et suiv.; C. Nap. 1323 et suiv.)

Les cointéressés pourraient, du reste, être autorisés à déposer chez un notaire les statuts sous seing privé, qui par là, se trouveraient revêtus de l'authenticité. Cette autorisation doit être accordée par les tribunaux. (Molinier.)

Si les signataires venaient à décéder dans l'intervalle de temps qui s'écoulerait entre la rédaction des actes sociaux et l'obtention de l'ordonnance, leurs héritiers seraient tenus de fournir les mises qu'ils auraient promises et d'exécuter tous les engagements qu'ils auraient contractés.

Si l'autorisation n'était pas accordée, les parties seraient déliées.

Le conseil d'État exige que les actes sociaux énoncent: 1° l'affaire ou les affaires que la société se propose d'entreprendre, et la désignation de celui de leurs objets qui lui servira de dénomination; 2° le domicile social; 3° le temps de la durée de la société; 4° le montant du capital qu'elle devra posséder; 5° la manière dont elle sera formée, soit par des souscriptions personnelles fixes ou transmissibles, soit en actions à ordre ou au porteur; 6° les délais dans lesquels le capital devra être réalisé; 7° le montant de la réserve et le mode de la former sur les bénéfices; 8° la fixation du minimum des fonds nécessaires pour que la société puisse conserver son existence; 9° le mode d'administration. Les souscripteurs de l'acte social doivent en outre composer au moins le quart en somme du capital réel. (Inst. min. 23 déc. 1807, 22 oct. 1817, 23 juillet 1818[1].)

Les actes sociaux désignent ordinairement les premiers administrateurs temporaires; mais, conformément à l'art. 31 du Code de commerce, les gérants des sociétés anonymes n'étant que des mandateurs à temps et révocables, et tous les associés ayant des droits égaux ou proportionnés à leurs mises, les actes sociaux ne peuvent réserver à personne la gestion perpétuelle. (Troplong, 467, Contrat de société.)

SECTION II.

Autorisation impériale et publication.

« La société anonyme, dit l'art. 37 du Code de commerce, ne peut exister qu'avec l'autorisation de l'Em-

1. Le 11 juillet 1818, une nouvelle ordonnance, destinée à compléter celle du 22 octobre 1817, fut adressée aux préfets et aux chambres de commerce. Sur les douze questions qu'elle proposait et qui furent résolues, les six premières seulement sont relatives aux sociétés anonymes.

pereur et avec son approbation pour l'acte qui la constitue ; cette approbation doit être donnée dans la forme prescrite pour les règlements d'administration publique.[1] » Remarquons qu'il ne s'agit pas d'une autorisation accordée avant la constitution de la société; ce que la loi exige, c'est l'approbation par le gouvernement, des statuts de la société.

Cette approbation n'est pas une simple formalité ; c'est un acte de juridiction administrative qui, d'ailleurs n'engage nullement la responsabilité de l'administration envers les tiers.

Regnaud (de Saint-Jean d'Angély), dans l'exposé des motifs, s'exprime de la manière suivante: « Souvent des associations mal combinées dans leur origine ou mal gérées dans leurs opérations, ont compromis la fortune des actionnaires et des administrateurs, altéré momentanément le crédit général, mis en péril la tranquillité publique. Il a donc été reconnu : 1° que nulle société de ce genre ne pourrait exister que d'après un acte public; 2° que l'intervention du gouvernement était nécessaire pour vérifier d'avance sur quelles bases on voulait faire reposer les opérations de la société et quelles pourraient en être les conséquences.» (Séance du 1er septembre 1807.)

La commission chargée de rédiger le projet du Code de commerce parle aussi de faire de la société par actions une classe distincte et de la soumettre à des conditions particulières. « Les grandes entreprises commerciales ne

1. En Angleterre, les sociétés anonymes ne peuvent exister qu'en vertu d'un bill du parlement.

sont avantageuses au commerce que lorsqu'elles ajoutent à ses ressources de nouveaux moyens de circulation et de crédit, lorsqu'elles ont pour objet un commerce nouveau et éloigné, et hors la portée des commerçants. Ellés sont dangereuses si elles établissent un commerce sur des objets que tous les commerçants peuvent atteindre, en ce qu'elles favorisent un monopole funeste au commerce et à la société.

«C'est à l'administration publique qu'il appartient de juger les avantages et les dangers de ces sortes d'associations; elle est plus à même d'en calculer les effets. Nous avons cru qu'elle seule pouvait ou les permettre ou les proscrire, et qu'il était avantageux qu'elles ne pussent se former sans son assentiment et son autorisation.» C'est ainsi que la commission explique la nécessité de l'intervention du gouvernement.

Un règlement du ministre de l'intérieur du 23 décembre 1807, avait déjà déterminé les formes dans lesquelles l'autorisation doit être demandée. Ce règlement, élaboré à la hâte, était insuffisant; on sentit le besoin d'indiquer d'une manière plus précise à quelles conditions une autorisation peut s'obtenir, ce fut l'objet d'une instruction ministérielle du 22 octobre 1817.

Cette instruction établit tout d'abord la nature, le but et les limites de l'intervention que l'autorité s'est réservée dans les sociétés anonymes. Elle ne laisse aucun doute sur le caractère de l'autorisation impériale qui n'est pas un privilége et qui ne confère aucun droit exclusif à la société autorisée. L'autorisation s'accorde à cause de la forme de la société, et non à raison de l'industrie qu'on veut exploiter; aussi plusieurs sociétés anonymes peuvent-elles être autorisées pour un même commerce.

Après ces explications, l'instruction trace la marche à suivre pour obtenir l'autorisation. Nous croyons inutile d'entrer dans des détails que la lecture seule du texte de l'instruction fait suffisamment connaître.

L'autorisation ne peut résulter que d'un décret de l'Empereur. Tant que ce décret n'est pas rendu, la société est nulle comme société anonyme. Le 9 avril 1819, le ministre de l'intérieur adressa aux préfets une circulaire dont l'objet était de rappeler ces principes.

La décision du gouvernement en pareille matière est souveraine; c'est un acte du pouvoir discrétionnaire qui appartient à l'administration. Il n'existe aucun recours contre cette décision.

Lorsque l'autorisation est accordée, le gouvernement n'en continue pas moins à surveiller les opérations de la société. Car une société autorisée peut, en abusant de ses prérogatives, jeter la perturbation dans le commerce; elle peut se livrer à une fabrication excessive, faire des achats, des emprunts qui dépassent ses ressources et commettre des abus de toutes sortes. C'est pour prévenir ce mal que le droit de retirer l'autorisation est attribué au gouvernement. L'exercice de ce droit appartient à l'administration seule et non pas aux tribunaux, qui ne peuvent que prononcer des condamnations personnelles contre ceux des administrateurs qui ne respectent pas les statuts.

Si un actionnaire demande aux tribunaux la nullité de sa souscription, alléguant que son consentement a été acquis par des manœuvres frauduleuses, les tribunaux seront-ils compétents pour juger cette demande?

Le tribunal de commerce de la Seine a décidé la négative le 8 janvier 1843. Dans l'espèce l'actionnaire soutenait que les souscriptions produites pour le déterminer à prendre des actions, étaient le résultat d'une simulation concertée avec le directeur, et non l'engagement sérieux de tiers véritablement intéressés dans l'entreprise; il réclamait en conséquence la nullité de son adhésion et le remboursement des sommes par lui versées. Le tribunal se déclara incompétent.

Nous croyons que c'est là une erreur. La question soumise au tribunal était celle de savoir si, dans l'hypothèse d'une société régulière, légale, l'associé qui se plaignait n'avait pas été induit à s'y intéresser par de mauvais moyens; mais non pas si les formalités nécessaires à la constitution d'une société avaient été remplies. Or, la question ainsi posée est évidemment une question de droit de la compétence des tribunaux.

C'est le conseil d'État qui apprécie ce qui se rattache aux statuts. Les oppositions, les réclamations individuelles des souscripteurs, qui tendent à modifier les clauses qu'il est le maître d'arrêter, doivent lui être adressées. En conséquence, si des réclamants prétendaient qu'ils n'ont pas entendu accéder aux modifications opérées ou aux dispositions ajoutées sans leur assentiment, ils auraient également la faculté de se pourvoir devant les tribunaux, qui pourraient déclarer qu'ils ne sont pas engagés sans empiéter sur les pouvoirs de l'autorité administrative.

En cas de refus de l'autorisation impériale, on peut faire de la société anonyme en projet une société en nom collectif ou en commandite. Mais cette transformation ne sera obligatoire que pour celles des parties qui l'auront consentie.

Lorsqu'une société en commandite veut se convertir en société anonyme, la décision sur ce point doit être prise par l'unanimité des actionnaires ou par la majorité spécialement fixée par les statuts. Dans la quinzaine du jour où elle a été prise, cette délibération doit être publiée par extrait, conformément à l'article 42 du Code de commerce.

Le conseil d'État exige d'ailleurs la liquidation de l'ancienne société avant que la nouvelle ne commence ses opérations.

L'ordonnance d'autorisation indique toujours le délai dans lequel le fonds social doit être complété; si cette condition n'est pas remplie en temps prescrit, l'autorisation est considérée comme non avenue.

Il est de jurisprudence administrative de n'accorder l'autorisation pour la mise provisoire en activité, qu'après que la société a justifié de l'existence du quart en somme du capital convenu.

Si une société anonyme veut introduire dans ses statuts quelques changements, elle ne le peut qu'en vertu d'une décision de l'assemblée générale composée de la manière indiquée par les statuts; et si rien n'est arrêté à ce sujet, la décision doit être prise à l'unanimité des actionnaires.

L'approbation du gouvernement est nécessaire pour qu'un pareil changement puisse recevoir son exécution.

La loi exige que l'ordonnance d'autorisation et les statuts reçoivent la plus grande publicité. Ces actes doivent être rendus publics : 1° par l'insertion au Bulletin des lois; 2° par l'affiche, pendant trois mois, dans la salle d'audience du tribunal de commerce dans le ressort duquel la société se trouve établie (Art. 37, 45 du Code de commerce). Grâce à la nécessité de cette affiche, il est absolument impossible de supposer l'autorisation impériale et d'induire le public en erreur.

On voit que la publication des sociétés anonymes est beaucoup plus complète que celle des sociétés en nom collectif et en commandite. Quand la société est en nom collectif ou en commandite, il suffit de la publier par extrait; quand elle est anonyme, l'acte d'association doit être affiché.

On s'explique aisément les motifs pour lesquels le législateur a prescrit ici des formalités si différentes de celles des sociétés ordinaires. Car dans les sociétés en nom collectif et en commandite, les associés sont indéfiniment responsables; les poursuites les plus rigoureuses peuvent les atteindre s'ils n'acquittent pas les dettes sociales; ils sont contraignables par corps et susceptibles d'être déclarés en état de faillite. Le public est suffisamment instruit quand il connaît la raison sociale de la société, ses associés gérants, le capital social, le commencement et la fin de la société. Les rapports des associés entre eux ne l'intéressent guère.

Dans la société anonyme les associés ne sont passibles que de la perte de leurs actions; pour juger de l'avenir de la société, il est nécessaire de connaître l'ensemble du contrat. (Delangle, Contrat de société.)

Le Code ne fixe aucun délai pour l'accomplissement des formalités dont nous venons de parler; il suffit qu'elles soient remplies avant le commencement des opérations sociales.

Outre l'insertion au Bulletin des lois et l'affiche que prescrit le Code, les ordonnances d'autorisation portent toujours qu'elles seront insérées au *Moniteur* et dans un journal d'annonces judiciaires du département dans lequel le siége social est établi.

L'insertion des statuts au Bulletin des lois n'est qu'un moyen de publicité et ne les transforme pas en acte législatif; ils sont et restent des conventions particulières.

Ces statuts ne peuvent donc être considérés comme des lois dont la violation puisse donner lieu à la cassation des arrêts et jugements en dernier ressort. (Cass., 15 février 1826.)

L'interprétation en appartient souverainement aux juges du fait. (Cass. 23 août 1842.)

S'il y a dans les statuts des dispositions qui intéressent l'ordre public, elles doivent être exécutées à peine de nullité. C'est ce qu'enseigne M. Delangle et qu'un arrêt de cassation a jugé le 16 juillet 1858.

Les dispositions relatives à des intérêts privés peuvent être modifiées dans leur application, sans qu'il en résulte la nullité des actes qui ne sont pas conformes aux statuts. Quand une pareille modification a été introduite et que les administrateurs ont donné à penser que les statuts doivent être interprétés dans tel ou dans tel sens, cette interprétation fait loi et lie la compagnie vis-à-vis des tiers. (Colmar 2 mars 1825 et Cass. 15 février 1826.)

Si les actes ne sont pas seulement contraires aux

statuts, s'ils sont en opposition avec l'objet même et le but du contrat, les créanciers ont le droit de les faire annuler, et cela même dans le cas où l'assemblée générale les aurait approuvés. En effet, le fonds social est le gage des créanciers de la société; il leur appartient exclusivement et ne peut être diminué par des engagements que les statuts ne donnent pas le droit de prendre. Les créanciers sont fondés à ne pas admettre au partage d'un actif insuffisant des tiers qui ont fait avec les administrateurs des opérations dont il n'est pas question dans les statuts, par lesquelles les gérants n'avaient donc pas le droit d'engager l'actif social. L'approbation donnée à de pareils actes par l'assemblée générale, ne peut pas convertir en dette sociale ce qui n'est que la dette d'un particulier.

Tout actionnaire pourrait, dans le cas qui nous occupe, faire rejeter les demandes fondées sur de pareils engagements. (Bordeaux, 21 déc. 1840.)

C'est une question très-controversée que celle de savoir si, lorsque les parties ont stipulé que la société serait anonyme et qu'elle s'est formée avec l'objet et les conditions nécessaires, mais que l'autorisation n'a pas été accordée, la convention sera exécutée entre les associés; c'est-à-dire s'ils seront tenus jusqu'à concurrence de leurs apports seulement, ou s'ils le seront indéfiniment comme dans les sociétés ordinaires.

Disons d'abord que vis-à-vis des tiers, tous les associés qui ont participé directement ou indirectement aux opérations, seront tenus comme s'il avait existé entre eux une société en nom collectif. (MM. Malepeyre et Jourdain, Delangle.)

Quant à ceux qui n'ont pris aucune part aux engagements contractés, ils ne peuvent être liés par des actes auxquels ils n'ont ni participé ni consenti. Si les fonds par eux versés en vue de la société future étaient dissipés, ils auraient une action contre les gérants qui leur auraient causé ce dommage.

Nous allons examiner à présent ce qui se passe entre associés. Si des personnes ont pris des actions dans une société anonyme, la croyant autorisée quand elle ne l'était pas, deux hypothèses peuvent se présenter; les fondateurs ont employé le dol et l'artifice pour obtenir des versements : dans ce cas les actionnaires ont le droit de redemander leurs mises et même des dommages-intérêts; les fondateurs ont été de bonne foi en présentant la société comme autorisée, et alors les actionnaires peuvent réclamer l'intégralité de leurs mises qui n'ont été faites que sous condition.

Mais qu'arrive-t-il si c'est du consentement, de l'aveu des actionnaires que la société non-autorisée a commencé ses opérations? On dit dans un premier système : L'article 57 trace une règle absolue, d'après laquelle la société anonyme ne peut jamais exister sans l'autorisation impériale. Peu importe que les contractants aient eu l'intention de faire une société de cette nature; elle ne saurait subsister en l'absence des conditions que la loi prescrit, et l'inaccomplissement des formalités légales constitue une faute dont tous doivent subir les conséquences; les associés seront donc tenus indéfiniment comme dans les sociétés ordinaires.

Un second système consiste à soutenir que l'intérêt des tiers satisfait; rien ne s'oppose à l'exécution de conventions qui ne sont contraires ni à la loi, ni à l'ordre public. Nous ne voyons pas, en effet, pourquoi l'acte de société ne serait pas la loi des parties. Les associés peuvent stipuler qu'entre eux les pertes ne dépasseront pas la mise de chacun, et que toute dette que ne pourra couvrir le fonds social, restera à la charge de celui qui l'a contractée. (M. Delangle, 480.)

Nous adoptons cette seconde opinion d'autant plus que la première donne à la loi un sens qui certes n'a pas été dans la pensée du législateur.

Plusieurs arrêts rendus en cette matière, ont décidé: 1° Que bien qu'une société anonyme n'ait pas été autorisée par le gouvernement, les parties intéressées n'en sont pas moins soumises à la loi du pacte social (Cass. 11 déc. 1823). 2° Que la nullité d'une société anonyme prononcée à défaut d'autorisation, n'a pas d'effet rétroactif, en ce sens que les associés ne sont dégagés que pour l'avenir du lien social, mais qu'ils doivent se faire compte des opérations consommées durant l'existence de la société de fait, en prenant pour base le pacte social. (Caen, 7 août 1844.)

La société ne date que du jour où l'autorisation est accordée, et son capital ne doit pas être employé à des dépenses antérieures. Cependant si ces dépenses étaient faites pour la mise en œuvre de la société, chaque associé devrait en subir sa part. En pareil cas, les tribunaux auraient à examiner si les dépenses sont de nature telle que si on ne les avait pas faites avant l'autorisation, elles l'eussent été nécessairement après. C'est ce qu'enseigne M. Troplong. Un arrêt de cassation l'a également décidé. (1er avril 1854.)

Avant l'obtention de l'autorisation, les administrateurs ne peuvent allouer aucun salaire aux gens qu'ils emploient et dont les créances n'existeraient pas contre la société.

Tant que l'ordonnance d'approbation n'est pas rendue, les associés n'ont qu'un droit éventuel, que d'ailleurs ils peuvent vendre comme une espérance. Il a été décidé par arrêt de la cour de Lyon (12 juin 1827), que, bien que la société anonyme constituée par acte authentique, n'ait pas encore reçu l'approbation du gouvernement, l'un des souscripteurs peut valablement vendre son action, sans que l'acquéreur de ses droits éventuels soit fondé, si ensuite l'autorisation est refusée, à demander la nullité de la vente.

L'autorisation accordée à une société anonyme n'a pas pour effet de la mettre à l'abri des déclarations de faillite.

« Le gouvernement, dit M. Troplong, ne garantit rien de positif, il n'assure aucun résultat pécuniaire, il ne s'est engagé qu'à vérifier certaines conditions de moralité, de sincérité commerciales, de prudence dans les affaires; et l'accomplissement de ce devoir administratif ne dispense pas les actionnaires et les tiers du contrôle clairvoyant de l'intérêt privé. »

On lit dans l'instruction ministérielle du 11 juillet 1818 que, dans l'approbation des sociétés anonymes proposées à Sa Majesté, il sera inséré une clause portant qu'en cas d'inexécution des statuts ou de leur violation, l'autorisation pourra être révoquée par le gouvernement, sauf les actions à exercer par les particuliers devant les tribunaux, à raison des infractions commises à leur préjudice.

Les exemples de ces retraits d'autorisations sont rares. Le gouvernement, comme le fait remarquer M. Troplong, doit en être fort sobre, car une dissolution imprévue est de nature à porter une grande perturbation dans les intérêts des tiers. Mais la mesure peut devenir nécessaire et dès lors il est du devoir du gouvernement de la prendre sans retard.

La loi exige (art 45 C. comm.), ainsi que nous l'avons dit, la publication des sociétés anonymes. Qu'arriverait-il si une société anonyme n'avait pas été affichée au tribunal de commerce, non plus que l'ordonnance qui l'a autorisée? La société serait nulle comme société anonyme. On comprend, en effet, combien il est important que les tiers soient avertis du privilége des actionnaires de n'être tenus que jusqu'à concurrence de leur mise. Il est donc juste que la jouissance de ce privilége soit subordonnée à la condition que les formalités prescrites par la loi pour la publication, aient été remplies. Si elles ne l'ont pas été, il n'existe qu'une société en nom collectif dont tous les membres sont indéfiniment responsables. (Delangle, Alauzet.) La Cour de Paris s'est prononcée en ce sens par arrêt du 26 janvier 1835. Cet arrêt décide que la nullité résultant du défaut d'affiche, est une nullité absolue qui ne peut être couverte par l'exécution volontaire.

Nous devons encore observer que l'article 42 du Code de commerce, qui exige, pour les sociétés en nom collectif et en commandite, que l'extrait de l'acte soit déposé au greffe dans la quinzaine de sa date, n'est pas applicable aux sociétés anonymes. A leur égard il est rationnel de prendre pour point de départ de la quinzaine le jour où le décret d'autorisation a été inséré au Bulletin des lois.

CHAPITRE IV.

SECTION I.

Formation du capital social; actions et coupons d'actions.

Les apports des associés peuvent être faits en pleine propriété ou en jouissance, en objets mobiliers ou immobiliers, en argent ou en industrie. Les apports en industrie doivent avoir une valeur réelle; l'idée de créer une société, la promesse de communiquer des procédés pour lesquels on n'aurait pas obtenu de brevet, ne sauraient constituer une mise sociale. Car il n'y a pas, dans l'idée de former une entreprise quelconque, ce que l'on appelle industrie ou travail de l'un des associés au profit de la société; il n'y a, dans ce cas, aucune chose mise en commun.

Le capital social étant la seule valeur qui garantisse les intérêts des tiers, doit être fixé d'une manière précise par l'acte de société qui, sans cela, ne peut recevoir l'approbation du chef de l'État; mais il n'est pas indispensable qu'il soit payé comptant en totalité. Il est même des entreprises où les associés gardent indéfiniment la portion contributoire à leur charge, dans le capital social et ne la paient qu'au fur et à mesure des besoins de l'entreprise; telles sont les sociétés d'assurances mutuelles. C'est à l'autorité administrative à juger, lorsque l'acte d'association est présentée à son approbation, si la formation du capital social offre assez de garantie.

Le capital de la société anonyme se divise en actions et même en coupons d'actions d'une valeur égale (art. 34 C. comm.).

La division en actions est ici obligatoire et non pas facultative comme dans les sociétés en commandite. Il est évident que les règles qui sont imposées à la société anonyme deviendraient impossibles et irréalisables sans cette division.

Quelle est l'origine de l'action? A quelle époque remonte cette manière de former un capital? Les jurisconsultes sont loin d'être d'accord sur ces importantes questions. Nous croyons que l'action n'est pas une invention de notre temps et nous allons citer quelques faits historiques à l'appui de notre opinion.

Sous le pontificat de Paul IV, qui régna de 1555 à 1559, la ferme des impôts des états du pape était divisée par actions; le duc Horace Farnèse et Baudoin de Monte étaient actionnaires et vendirent chacun plusieurs de leurs actions.

A Toulouse le moulin de Basade fut concédé à une société dont chaque membre reçut une part appelée *urbau*. L'urbau était cessible; ceux qui voulaient se retirer de la société vendaient leur urbau; ils pouvaient le vendre par partie, car l'urbau était divisible indéfiniment au gré du propriétaire.

Le moulin de Château Narbonnais fut également représenté par une valeur divisée en urbaux et demi-urbaux cessibles à volonté.

L'action n'est donc pas d'origine moderne.

Les actions peuvent être divisées en coupons d'actions; ces coupons doivent être d'égale valeur (art. 34

C. comm.). La réunion des actions et des coupons d'actions constitue le capital social.

Le titre qui établit le droit de chaque actionnaire se nomme aussi action.

Les actions et coupons d'actions éminemment cessibles sont meubles par la destination de la loi tant que subsiste la société, lors même que des immeubles se trouvent dans le fonds social. En effet, pendant la durée de la société les associés n'ont qu'une espérance ; la propriété réside dans l'être moral qui possède exclusivement. Le droit des associés est incorporel et mobilier.

Cependant les actions de la Banque de France et les rentes sur l'État peuvent être immobilisées ; les premières, par une déclaration du propriétaire ou de son fondé de pouvoir, signée sur les registres et certifiée par un agent de change (décret du 16 janvier 1808) ; les secondes par une déclaration faite en la même forme que les déclarations de transferts de rente (décret du 1er mars 1808).

L'actionnaire reste dans l'indivision tant qu'il garde son action et pendant le temps que dure la société.

L'action n'est pas simple créance puisque sa valeur s'élève ou s'abaisse à mesure que le fonds social s'enrichit ou s'appauvrit ; c'est une portion de la propriété du tout ce qui compose le fonds social.

L'action est ordinairement exprimée en valeur monétaire ; cependant il est des exemples d'actions exprimées en fractions.

SECTION II.

Augmentation et diminution du capital social.

Le capital social doit être composé d'une manière fixe et précise à l'époque de la formation de la société; ce n'est qu'à cette condition que le gouvernement accorde son approbation. Mais on peut stipuler, dans l'acte social, des versements à terme et devant s'opérer à mesure que les besoins de la société l'exigeront.

Le capital social une fois formé, ne doit être augmenté ni diminué sans la volonté de tous les associés; car, dans une société anonyme, les associés ne peuvent être tenus au delà de leurs mises, et quand ils les ont fournies ils n'ont plus aucune obligation ni envers la société ni envers les tiers.

On a soulevé la question de savoir si le capital social peut être augmenté en l'absence d'une clause formelle, qui autorise à faire des appels de fonds quand il est devenu insuffisant pour remplir le but de la société.

Pour l'affirmation on dit qu'il faut nécessairement que la société remplisse le but qu'elle s'est proposé et qu'il est du devoir de tous les associés d'y concourir par tous les moyens possibles, même par une augmentation de capital.

A cela nous répondons que la fixation du capital social est une condition essentielle d'existence de la société anonyme qui, en l'absence de cette condition, ne serait pas autorisée. Augmenter le capital social, c'est modifier l'acte de société même, c'est imposer aux actionnaires de nouvelles obligations; or il n'appartient pas à une simple majorité de modifier les statuts, de faire contracter aux associés des engagements nouveaux.

Lorsqu'un pareil cas se présente, il y aura, ou bien un trop grand nombre d'actionnaires s'opposant au nouvel appel de fonds, et alors on sera forcé de liquider l'entreprise, de dissoudre la société faute de fonds nécessaires pour continuer les opérations sociales ; ou bien le nombre des associés disposés à faire de nouveaux versements sera suffisant et l'on pourra continuer les opérations; mais alors les actionnaires dissidents ne toucheront les bénéfices qu'au prorata de leur capital.

Pour obvier à de semblables inconvénients, il est prudent, surtout quand les opérations de la société nécessitent de grands travaux préparatoires, d'autoriser certaines mesures par l'acte de société, soit des appels de fonds, soit des emprunts. Mais on doit déclarer formellement que ces mesures ne seront exécutées qu'après délibération de l'assemblée générale et que l'administration ne peut que les proposer.

Les appels de fonds effraient les actionnaires, qui n'aiment pas à s'aventurer dans l'inconnu; les emprunts, d'un autre côté, grèvent la société d'obligations. On a donc souvent recours à un autre moyen d'augmenter le capital social; nous voulons parler des actions de réserve.

On divise souvent le capital en deux séries d'actions, dont l'une se compose d'actions émises immédiatement après la formation de la société, et l'autre, d'actions restant en réserve, sauf à être émises plus tard si les besoins de la société l'exigent. Ce mode d'augmentation du capital social n'a ni l'inconvénient de l'emprunt qui laisse la nécessité d'un remboursement et affaiblit le crédit de la société, ni celui de l'appel de fonds qui inspire presque toujours aux actionnaires la crainte d'être obligés de fournir de nouveaux fonds dans un avenir plus ou moins éloigné.

L'émission des actions de réserve fait rentrer des fonds pour toute la durée de la société qui gagne en crédit; elle laisse aux actionnaires la faculté d'augmenter leur mise ou de la laisser telle qu'ils l'ont fournie. Cette mesure doit également être prise en vertu d'une délibération de l'assemblée générale, sur la proposition de l'administration.

Le capital social peut-il être diminué pendant la durée de la société?

Ce capital est le gage des créanciers de la société; il ne peut être employé qu'aux affaires sociales. Ainsi il est permis de le consacrer à l'achat du matériel, à la construction des édifices nécessaires, etc. Mais si l'on diminue le capital social en en remettant une partie aux actionnaires, les tiers auront le droit de réclamer contre cette violation des statuts.

Aucun dividende ne peut être distribué aux actionnaires, quand la balance des profits et pertes ne présente pas de bénéfices, parce que ce dividende pris sur le capital le diminuerait. Les actionnaires, en pareil cas, seraient obligés de rapporter les sommes reçues.

Si, avant la dissolution de la société, les tiers n'avaient pas fait le rappel des sommes indûment reçues par les actionnaires, ils pourraient en demander le rapport après cette dissolution, et poursuivre personnellement les actionnaires pour les contraindre à l'opérer; car ils ont toujours une action contre les associés qui n'ont pas laissé leur mise entière.

Dans la plupart des sociétés pour l'exploitation des chemins de fer, l'acte de société porte que les associés bailleurs de fonds jouiront des intérêts de leur capital à partir du jour où les versements auront été faits. Or, avant l'achèvement des travaux, tant que l'exploitation n'a pas produit de bénéfices, les intérêts sont nécessairement pris sur le capital; il y aura donc là une véritable diminution de l'actif social, puisque l'actionnaire reçoit d'une main ce qu'il donne de l'autre.

Le conseil d'État a longtemps refusé son approbation aux actes de société qui renfermaient de pareilles clauses (Troplong, Contrat de société).

Mais bientôt nécessité fit loi; on vit l'impossibilité d'attirer vers l'industrie des capitaux qui devaient rester trop longtemps improductifs, et le gouvernement ne fit plus de difficultés pour approuver des statuts permettant des répartitions d'intérêts avant que l'entreprise ne fût productive. D'ailleurs insérer une pareille clause dans l'acte de société, n'est-ce pas indiquer que le capital nominal n'est pas le capital effectif et dès lors, les créanciers peuvent-ils prétendre qu'ils sont lésés dans leurs droits, eux qui ont lu l'acte de société et qui ne devaient compter que sur un actif social réduit du montant des intérêts à répartir avant l'exploitation?

Si les statuts n'autorisent pas cette distribution d'intérêts ou de dividendes, il faut admettre la solution contraire et les tiers pourront exiger le rapport de ce que chaque associé aura reçu.

SECTION III.

Des diverses espèces d'actions.

On divise les actions en plusieurs espèces ; il y a des actions de capital et des actions industrielles, des actions payantes et des actions non payantes, des actions de jouissance ou d'usufruit, des actions de fondation et des actions de prime. Ces noms, ainsi que le remarque M. Troplong, viennent de l'usage et non de la science ou de la loi.

On appelle actions de capital celles dont le montant a été versé en argent ou en valeurs mobilières ou immobilières ; elles donnent droit au partage du fonds social et aux produits de la société dans la proportion qu'elles indiquent.

Les actions industrielles sont celles qui représentent l'apport d'une industrie exercée au profit de la société. Ainsi quand la société est fondée pour l'exploitation d'un brevet ou d'un secret, elle peut en payer le prix à l'inventeur ou à l'artiste en lui donnant un certain nombre d'actions industrielles.

Ordinairement les deux stipulations suivantes accompagnent la création d'actions industrielles ; 1° elles restent déposées pendant toute la durée de la société, afin que l'entreprise ait une garantie contre le refus des actionnaires travailleurs de continuer à fournir leur concours ; 2° elles ne donnent droit qu'au partage des bénéfices. Par l'effet de ces stipulations le capital des actions industrielles n'est que fictif et déterminé nominativement dans le but de fixer la proportion dans laquelle l'industrie concourt avec le capital réel à produire les bénéfices, et par suite dans quelle proportion elle doit venir prendre part dans ces bénéfices.

A défaut de cette clause expresse, il faut consulter les termes de l'acte de société pour savoir si l'associé qui n'a apporté que son industrie a droit au partage du capital.

Dans la plupart des sociétés où il y a des actions industrielles, on divise les actions en deux séries, l'une d'actions industrielles et l'autre d'actions de capital. Dans ce cas le titre porte l'indication de la série à laquelle il appartient.

Cette distinction des actions en actions industrielles et actions de capital suffit pour démontrer qu'on a voulu faire une différence entre les unes et les autres; en conséquence, à la dissolution de la société, les porteurs d'actions de capital reprennent le capital de leurs actions, et ceux qui ont fourni leur industrie en recouvrent le libre exercice.

Si après prélèvement du capital, il reste des bénéfices, ils seront partagés entre les porteurs d'actions de capital et les porteurs d'actions industrielles, en proportion du nombre de leurs actions.

Le défaut de division des actions en deux séries établit toujours la présomption qu'on a voulu les confondre et donner les mêmes droits à tous les actionnaires. Car la manière dont le capital a été fourni n'étant pas indiquée par le titre, il est impossible de constater quelles sont celles qui représentent l'industrie. (Malepeyre et Jourdain, Sociétés commerciales.)

On peut désigner les actions de capital sous le nom

d'*actions payantes*, les actions industrielles sous celui d'*actions non payantes*.

On appelle *actions de jouissance* celles qui, créées par opposition aux actions représentant le fonds social, sont destinées à remplacer ces dernières quand elles sont éteintes par voie d'amortissement. Ainsi tandis que les actions de capital et industrielles représentent le fonds social, celles de jouissance sont destinées à rembourser en capital et intérêts ces actions primitives; elles donnent un droit égal, sans distinction d'origine, à la jouissance des produits de la société et même, lorsque la société se liquide, à la propriété des valeurs actives.

Quelquefois la valeur de l'apport se paie, partie en actions de capital, partie en actions de jouissance; ces dernières alors, ne donnent droit aux bénéfices qu'après le remboursement de toutes les actions de capital.

Les actions de fondation sont celles que l'on attribue aux fondateurs pour représenter leur apport.

Les actions de prime sont celles dont les fondateurs font le sacrifice en faveur de ceux qui ont aidé à organiser la société en promettant leur concours pour la faire réussir. Cette opération, étant étrangère à la société, n'influe en rien sur la nature des actions.

Quand les actions sont divisées en deux séries, comme nous l'avons dit ci-dessus, les actions de *fondation* et de jouissance sont toujours classées dans la série des *actions industrielles*.

Pour parvenir à un règlement qui confère à chacun des associés des droits proportionnés aux valeurs qu'il a mises dans la société, on est dans l'usage de diviser les bénéfices en deux parties : la première est affectée au service de l'intérêt des valeurs versées dans le fonds social et attribuée aux propriétaires des actions payantes jusqu'à concurrence de 3, 4, 5 et 6 p. 100 de leur capital ; la seconde devient l'objet d'un dividende entre les actions de capital et les autres.

La forme des actions n'a rien de sacramentel. Elles sont ordinairement extraites d'un registre à souche, créé à cet effet. Elles portent, tant sur la souche que sur le titre à délivrer, la signature sociale et celle du commissaire établi près la société, lorsqu'il y en a un. Elles sont timbrées du timbre de la société et portent au dos un extrait des statuts. Ces formalités ne sont que précautionnelles.

Les actions sont nominatives ou au porteur[1]. Il peut y en avoir des deux espèces dans une même société. On délivre les unes et les autres indifféremment au choix des actionnaires.

On exige, en général, qu'une partie des actions du gérant soit inscrite à son nom, et qu'il les garde inaliénables pour garantie de sa gestion. Quant aux autres associés, les statuts leur accordent ordinairement le droit de convertir les actions nominatives en actions au porteur et réciproquement.

CHAPITRE V.

Droits et obligations des actionnaires.

Le souscripteur d'actions n'est passible que de la perte de son apport. Ses engagements sont remplis

1. Les codes de commerce russe (art. 22), hongrois et wurtembergeois (236) prohibent les actions au porteur. (Antoine de Saint-Joseph, Concordance des codes de commerce.)

quand il a versé, dans la caisse sociale, le prix de l'action souscrite. L'actionnaire ne peut se faire rembourser sa mise par la société; il n'a qu'une part de propriété dans l'actif.

L'acceptation d'une action dans une entreprise industrielle, peut quelquefois, d'après les circonstances, être considérée comme un acte de prêt; le porteur, dans ce cas, n'est point passible des pertes éprouvées par la compagnie. C'est ce qui arrive, par exemple, lorsque l'actionnaire a pour garantie de la somme qu'il a versée, une obligation hypothécaire portant intérêt jusqu'au jour du remboursement du capital. (Cassation, 10 mai 1837.)

De même le fait de prendre des actions par un fournisseur comme garantie des marchés qu'il passe avec la société, ne le constitue pas associé, et le remboursement de ses avances lui est dû lors de la dissolution.

Toute souscription d'actions sous condition est nulle.

Si le prix des actions a été versé par le souscripteur, à titre de cautionnement d'une place d'agent de la société, il peut, non comme actionnaire mais comme créancier, en réclamer le remboursement contre l'ancien gérant et contre les liquidateurs de la société. (Paris, 4 déc. 1841; Cass., 18 fév. 1846.)

L'engagement pris par le gérant envers un souscripteur de faire, au nom de l'administration, dans le courant de l'année, des commandes en marchandises dont le prix devra servir à libérer les actions souscrites, ne peut être opposé aux tiers pour qui la souscription est pure et simple. (Paris, 29 avril 1845.)

Les syndics de la société tombée en faillite ont, en pareil cas, une action directe pour obtenir le paiement du prix de la souscription.

Presque toujours l'acte de société contient la clause que la société ne sera constituée que quand un nombre déterminé d'actions aura été souscrit.

Le tribunal de commerce de la Seine a décidé (9 août 1827) que, en présence d'une pareille clause, les souscriptions faites avant la constitution de la société, ne sont valables qu'autant qu'elles ont eu lieu en double original. Celles portées simplement sur le carnet de la société n'engagent pas les souscripteurs.

Le titre établissant le droit de l'actionnaire n'est délivré que lorsqu'il a versé la totalité du capital de son action, dont le paiement se divise ordinairement en plusieurs termes. Tant que l'action n'est pas entièrement libérée, on ne donne aux actionnaires qu'un titre provisoire appelé *promesse* d'actions. (Troplong, Contrat de société, 131.)

Quelquefois l'acte social porte que les souscripteurs qui ne paient pas les fractions de leurs actions aux époques déterminées pour les appels de fonds, seront déchus de leurs droits et que les paiements faits demeureront acquis à la société.

Cette clause est licite; elle peut valablement être opposée par la société à l'actionnaire qui offre, après l'époque fixée, d'acquitter le montant de sa souscription.

L'engagement, pris en ces termes par le souscripteur, constitue une véritable obligation conditionnelle, une promesse de devenir actionnaire, faite avec des arrhes ou une stipulation de dédit; l'actionnaire reste maître d'opter pour le contrat de société ou pour la renonciation à ce contrat en perdant ses à-compte, mais il faut qu'il se décide dans le délai déterminé. Il serait, en effet inique d'accorder à quelqu'un le droit de réclamer ou de répudier indéfiniment la qualité d'associé.

Le délai qu'on lui a notifié une fois expiré, l'associé est considéré comme renonçant à ses droits dans la société à laquelle les sommes versées sont irrévocablement acquises, et qui peut disposer de l'action que jusque-là elle devait lui réserver. (Goujet et Merger, Dictionnaire de Droit commercial.)

Mais le souscripteur ne peut, en abandonnant ce qu'il a versé, se dispenser de compléter sa mise, et invoquer sa propre déchéance pour échapper à tout recours (Paris, 31 mars 1831). La clause dont nous avons parlé, est écrite dans l'unique intérêt de la société, pour stimuler le zèle, l'exactitude des associés. Ce n'est point une convention conditionnelle dont chaque partie puisse réclamer l'exécution.

La qualité d'actionnaire ne rend pas négociant. Celui qui prend un intérêt dans une société commerciale anonyme ne fait pas plus acte de commerce que celui qui confie de l'argent à un commerçant et lui avance des fonds pour l'aider dans ses affaires.

Un actionnaire peut, il est vrai, surveiller les opérations de la société et même la gérer; mais s'il agit ainsi, c'est comme mandataire de la société et au nom de celle-ci. Il ne devient pas négociant pour cela et n'est pas soumis à la contrainte par corps.

L'actionnaire n'est pas tenu de supporter les dividendes et les intérêts qu'il a reçus si, au moment où ces sommes lui ont été remises, les affaires de la société prospéraient et si on les a prélevées sur des bénéfices réalisés.

Certains auteurs pensent qu'on ne peut, en aucun cas, exiger la restitution de ce que l'actionnaire a touché, par le motif que, dans la société anonyme, nulle action n'est autorisée contre les personnes. (Merlin, Foucard de Langlade, Pardessus.)

Nous croyons que c'est aller trop loin. Nous avons dit, au titre précédent, que souvent des intérêts sont distribués avant que l'entreprise ne soit productive, si l'acte de société permet une telle distribution. Mais il nous semble impossible d'admettre que les actionnaires soient à l'abri de la restitution dans le cas où l'on aurait supposé des gains imaginaires.

Pour décider que la distribution doit être maintenue, il faut toujours consulter les termes de l'acte social et voir ce que cet acte autorise. Car les tiers qui ont traité avec la société n'ont dû compter que sur un capital social diminué des intérêts qui ont fait l'objet de la répartition permise avant l'exploitation; si l'on ne s'était pas tenu aux termes de l'acte social, si une répartition illicite avait eu lieu, les tiers pourraient exiger la restitution des sommes que les actionnaires auraient touchées. Il y aurait certes bien des difficultés pour arriver à cette restitution; mais c'est là une question de fait qui n'affecte pas le droit, car de ce qu'on ne peut atteindre un débiteur il ne s'ensuit nullement qu'il soit libéré.

Les bénéfices se répartissent dans la proportion de la valeur des actions au capital social. Si toutes les actions ne sont pas de même nature, s'il y a des actions de capital et des actions industrielles, il faut suivre, pour la répartition, les règles tracées par les statuts, et, à défaut de ces règles, rechercher l'intention des parties.

Les statuts déterminent aussi la justification à fournir par les actionnaires pour toucher leur dividende.

Il est d'usage, dans beaucoup de sociétés, de ne pas distribuer tous les gains chaque année; une partie en est mise en réserve pour faire face aux dépenses imprévues.

Nous avons dit que le fait de prendre des actions, dans une société anonyme, ne constitue pas un acte de commerce. On ne peut donc exiger d'un souscripteur d'actions, les capacités requises pour être commerçant ou pour faire des actes de commerce.

Tant que dure la société, elle possède seule les biens qui composent le fonds social; les associés n'ont qu'un droit incorporel. Si des immeubles dépendent du fonds social, et si la société les aliène, l'acquéreur n'est pas tenu de remplir envers chaque associé les formalités légales afin de purger les hypothèques; il lui suffit de purger sur l'être moral avec lequel il a traité.

A la dissolution de la société l'être collectif disparaît; il ne reste que des individus; le droit de l'actionnaire peut devenir mobilier ou immobilier selon qu'il obtient des meubles ou des immeubles en partage.

Les actionnaires ont droit d'exiger qu'il leur soit donné connaissance, sans déplacement, des pièces justificatives de la balance des comptes qui établissent la situation des affaires sociales; les livres de la société doivent même, s'ils le requièrent, leur être représentés (Goujet et Merger).

La société doit leur faire, à des époques fixes, la distribution des bénéfices et des intérêts qui peuvent leur être dus; elle doit, de plus, leur procurer l'exercice de tous les autres droits qui se réfèrent à la possession de leurs actions et à la part qu'ils doivent prendre aux délibérations sociales.

Il a été jugé que le refus illégal d'admettre un actionnaire aux assemblées générales constitue, pour cet actionnaire, un juste motif de demander sa retraite de la société, avec remboursement de sa mise sociale. (Paris, 3 janvier 1839.)

Une compagnie qui dépose, dans une caisse publique, les dividendes échus dont elle est débitrice, doit au titulaire qui ne s'est pas présenté pour les toucher, les intérêts des sommes déposées si elles en produisent.

Les actionnaires qui perdent la propriété de leurs actions, ne peuvent réclamer, pour le passé, leur part des réserves prélevées sur les dividendes pour les besoins imprévus de la société. (Paris, 19 novembre 1836.)

Lorsque l'acte social porte qu'à défaut de paiement de la totalité du prix des actions, et après mise en demeure, la vente pourra en être faite au profit de la société, le gérant a droit non-seulement de faire procéder à cette vente, mais encore de réclamer la différence entre le prix produit par la vente et la valeur nominale des actions. (Douai, 10 novembre 1840.)

CHAPITRE VI.

Cession d'actions.

L'acte social règle ordinairement le mode de cession ou de transfert des actions. En l'absence de stipulation expresse, il faut consulter la nature des actions.

Les actions au porteur sont cessibles par la simple tradition du titre (C. comm., art. 35). Elles peuvent aussi se transmettre par la voie de l'endossement, quand l'acte de société autorise ce mode de cession.

L'endosseur ne garantit que l'existence de l'action et sa qualité d'actionnaire, il ne répond pas de l'exécution des obligations sociales. Il ne pourrait être recherché par le porteur qu'autant que la sincérité du titre qu'il a cédé viendrait à être contestée. (Goujet et Merger, même ouvrage.)

Quand les actions sont nominatives, la cession s'en opère par une déclaration de transfert inscrite sur un registre spécial, et signée du gérant et des parties intéressées. (C. comm., art. 36.)

Le transport des droits des actionnaires s'opère ainsi avec le concours du cédant, du cessionnaire et de la société, et se trouve constaté par des écritures commerciales auxquelles la loi permet d'ajouter foi en justice. Ce transport saisit le cessionnaire, non-seulement à l'égard de la société, mais aussi à l'égard des tiers, sans qu'il soit besoin de l'acceptation par acte authentique ou de la signification par acte d'huissier dont parle l'art. 1690 du Code Napoléon.

Le contrat qui intervient entre le cédant et le cessionnaire d'actions n'est pas exécuté par le simple transfert ; pour que cette exécution soit complète, il faut livrer le titre contre paiement.

On peut transmettre les actions nominatives par acte de transport régulièrement notifié à la société avec sommation d'en opérer le transfert sur les registres. Ce mode est plus long et plus coûteux que les autres. L'acte de cession, dans ce cas, doit être authentique, afin qu'il fasse pleine foi vis-à-vis des administrateurs.

La notification de cet acte, faite par huissier, saisit l'acquéreur à l'égard de la société et des tiers, et confère aux administrateurs des pouvoirs suffisants pour inscrire le transfert sur les registres, à moins que les statuts ne prescrivent formellement de ne transférer les actions qu'à des personnes agréées par les représentants de la société.

Le transfert dont nous venons de parler s'appelle *transfert réel*, parce qu'il constate la cession ou mutation véritable d'une action.

Il y a un transfert d'une autre espèce, un transfert de forme qui a pour objet de constater, sur les registres, une mutation de propriété déjà opérée par suite de décès, par jugement, etc. Ce transfert s'opère sur la réquisition du nouveau propriétaire qui justifie de ses droits.

En cas de mutation par décès, l'héritier produit un intitulé d'inventaire ou un extrait de l'acte de partage; s'il n'y a eu ni inventaire ni partage, il produit un acte de notoriété délivré par le juge de paix du domicile du défunt ou par un notaire sur l'attestation de deux témoins.

Lorsque la mutation résulte d'un jugement, d'un

testament ou d'un contrat, le nouveau propriétaire produit un extrait de son titre délivré par le greffier ou par le notaire détenteur de la minute. (Loi du 28 floréal an VII, art. 6.)

Quelques sociétés exigent qu'il soit perçu, pour leur compte, un droit fixe sur chaque action transférée. (Goujet et Merger, même ouvrage.)

Tant que le transfert n'est pas devenu définitif par l'inscription sur les registres de la société et par le paiement du prix, le cessionnaire n'est pas saisi de la propriété des actions vendues; le vendeur non payé peut former opposition entre les mains du gérant et obtenir la remise de ses actions.

Le transport d'une action a pour effet d'investir l'acquéreur de tous les droits actifs et passifs attachés à la qualité d'actionnaire.

Le cessionnaire jouit des prélèvements et acquitte les charges attachées à l'action.

Il prend part, comme son cédant, aux délibérations sociales, conformément aux dispositions de l'acte de société; il a droit au fonds de réserve et au partage du fonds social après la liquidation de la société, si le fonds de réserve a été formé avec le capital des actions émises dès l'origine de la société.

Il se trouve enfin au lieu et à la place de son cédant, à moins qu'il n'y ait à cet égard quelques exceptions formellement stipulées.

Ainsi les statuts peuvent établir que le cessionnaire n'aura pas voix délibérative dans les assemblées ou qu'il ne l'aura qu'après un certain temps (Delangle, 467).

Le cédant qui a versé le prix total de l'action ne peut

être recherché pour les engagements antérieurs à son aliénation; il n'est tenu que jusqu'à concurrence de sa mise et devient entièrement étranger à la société.

Si le souscripteur a fourni sa mise, partie en argent, partie en billets payables plus tard, la société agira sagement en exigeant dans ses statuts la garantie que le capital nécessaire à l'entreprise sera versé. Dans ce cas la cession d'actions que fait le souscripteur des billets ne changerait rien à sa situation (Troplong, 174; Malepeyre et Jourdain).

Si le gérant de la société a consenti à recevoir pour seul débiteur le cessionnaire qui a donné des billets par lui souscrits en échange des billets de son cédant, celui-ci est-il libéré?

Pour l'affirmative on dit qu'il y a là un nouveau débiteur substitué à l'ancien qui, quoiqu'il advienne, ne peut plus être inquiété; que la remise des billets vaut quittance, sauf à la société, si le cessionnaire était insolvable au moment de la novation, à réclamer la somme qu'elle perd du gérant, à titre de dommages-intérêts.

Pour la négative on répond qu'il n'est pas au pouvoir des gérants de diminuer les garanties sociales par des novations; que sans cela l'actif social se dissiperait en promesses trompeuses; que le gérant pourrait, selon son bon plaisir, retenir dans les liens de la société ou l'en affranchir celui qu'il voudrait contrarier ou favoriser, etc.

Nous pensons qu'une société a toujours le droit de recevoir un nouveau membre à la place d'un ancien, et que tout ce que l'on peut exiger d'elle, ce sont les précautions nécessaires pour sauvegarder l'intérêt des tiers.

Une autre question, également controversée, est celle de savoir si, lorsque le prix de l'action n'a pas été versé primitivement en totalité, et que le nouvel actionnaire, qui est tenu envers la société d'effectuer le versement des termes à écheoir aux époques fixées, devient insolvable ou inconnu, la sociéte peut s'adresser au souscripteur primitif.

Trois systèmes sont en présence.

Dans le premier on dit que le souscripteur d'actions, dans une société anonyme, contracte une obligation personnelle; il promet au gérant et aux tiers de fournir sa mise intégrale, et l'engagement qu'il prend l'oblige à payer ou à se libérer par un moyen légal équivalent. La cession faite par le souscripteur primitif ne saurait constituer novation, car la société est étrangère au contrat. Si les actionnaires qui n'ont pas satisfait à leurs engagements pouvaient se mettre à l'abri de toute réclamation en aliénant leurs actions, il arriverait nécessairement que, les affaires sociales devenant embarrassées, toutes les actions seraient mises sous le nom de gens insolvables et que les tiers, qui auraient traité avec la garantie d'un capital social, verraient échapper le gage sur lequel ils étaient en droit de compter (Delangle, Sociétés commerciales).

Les codes espagnols et hollandais ont adopté cette solution.

Dans le second système on soutient qu'en délivrant à l'actionnaire, sans exiger de lui un engagement personnel, ni le dépôt d'aucune valeur en garantie, une promesse d'action sous la forme d'un titre au porteur, transmissible de sa nature par la seule tradition et sans que la société ait besoin d'intervenir, elle est censée n'avoir pas pris en considération la personne de l'actionnaire, mais seulement l'action et son intérêt et avoir livré à l'actionnaire la faculté de substituer, par sa seule volonté, un tiers à toutes ses obligations comme à tous ses droits. On ne peut donc appliquer à ce cas les règles générales du Droit commun sur la novation.

Si, au contraire, le titre étant au porteur, une valeur quelconque a été affectée à la garantie du paiement du capital de l'action, cette valeur demeure affectée au paiement de ce capital, jusqu'à ce qu'elle ait été remplacée par une autre, du consentement de la société. Ce cas est le plus fréquent; presque toujours, en délivrant une promesse d'action, on exige que l'actionnaire fasse ses billets pour le paiement du capital de l'action. Cette mesure est très-nécessaire, car si un grand nombre de promesses d'actions venait à passer dans les mains d'individus insolvables, le capital ne pourrait être complété, ce qui serait, dans bien des cas, une cause de révocation de l'ordonnance d'autorisation.

On donne la même solution lorsqu'il s'agit d'actions nominatives et qu'il a été donné quelque valeur en garantie de ce qui reste dû sur le capital de ces actions. Cette valeur restera affectée à la garantie du paiement, même après que l'associé aura transmis son action à un tiers, si la société n'a pas consenti à la restitution des valeurs données en nantissement.

Mais on n'admet pas qu'un actionnaire qui a cédé une promesse d'action nominative, après n'avoir donné aucune valeur en garantie du paiement du capital de cette action, puisse être obligé de garantir le paiement de ce capital, lorsque sa cession a été régulière et légale. En cédant son action, l'associé a usé d'un droit que la loi lui donne, sans faire de distinction entre les actions libérées et les promesses d'actions.

Dans le troisième système enfin on établit une distinction entre la cession des actions nominatives et celle des actions au porteur.

Au premier cas, dit-on, la cession se fait avec le concours de la société, le transfert est inscrit sur les registres sociaux, et dès lors il y a novation et délégation parfaite au moyen d'une substitution de promesses acceptée par la société.

Au second cas le transfert ne s'opère pas avec le concours de la société, il est consenti à son insu; elle ne peut être privée d'un droit qu'autant qu'elle y aurait renoncé. La novation qui amène l'abandon d'un droit ne peut résulter que d'une convention expresse; on ne saurait l'induire d'un mode d'établir les actions qui ne garantit à la société la réalisation de son capital qu'autant qu'elle conserve ses droits contre les souscripteurs primitifs. Ceux-ci, en constituant la société et en se faisant connaître, ont contracté envers le corps social et envers le public, l'engagement de parfaire le capital social et de supporter les pertes jusqu'à épuisement de ce capital; il ne saurait dépendre d'eux de constituer la société en état de déficit.

Il y a d'ailleurs un engagement réciproque entre la société et ceux qui l'ont établie. La société s'est engagée à délivrer des titres négociables et transmissibles sans formalités juridiques et les souscripteurs se sont obligés envers elle jusqu'à parfaite libération des actions.

C'est à celui qui cède une action non libérée à se procurer des sûretés pour l'avenir, autrement il prend à sa charge les éventualités d'une négociation qui a pu lui être lucrative. S'il est obligé de payer de ses deniers une action qu'il ne possède plus, il a son recours contre son cessionnaire; s'il n'a aucun titre entre les mains et s'il lui est impossible de réclamer ce qu'il perd, c'est à lui seul qu'il doit l'imputer.

Nous pensons que s'il est vrai, en principe, que celui qui soumissionne une action, contracte l'obligation d'en payer le montant intégral[1], sans pouvoir s'en exempter par une cession à laquelle la compagnie est restée étrangère, ce principe peut être modifié par la volonté des parties.

Cette volonté résulterait-elle suffisamment de la clause autorisant la négociation des promesses d'actions avant l'intégral paiement du prix? M. Troplong se prononce pour la négative. Mais il nous semble impossible d'admettre que, dans ce cas, la société faisant un appel à tous les capitalistes, compte sur la solvabilité personnelle de ceux à qui elle délivre des promesses d'actions; elle indique au contraire, qu'elle n'exige de chaque souscripteur que le versement de la portion du prix immédiatement exigible. Ce versement est sa seule garantie; si, avant l'exigibilité des autres à-compte, le souscripteur a vendu son action, il est devenu étranger à la société, qui ne peut plus rien lui réclamer.

Il y a un argument pour nous, dans la loi du 15 juillet 1845, relative au chemin de fer du Nord, et

1. La loi de 1856 sur les sociétés en commandite a tranché la question dans ce sens.

dans laquelle on a inséré une série de dispositions destinées à être reproduites dans tous les cas analogues. Cette loi dispose (art. 8) que les souscripteurs ne seront responsables que jusqu'à concurrence des cinq dixièmes du versement du montant des actions qu'ils auront souscrites.

Le code espagnol (art. 281) et le code hollandais (art. 41) se montrent beaucoup plus sévères; ils ne permettent l'émission d'actions au porteur qu'autant que les mises qu'elles représentent ont été versées dans la caisse sociale. (Antoine de Saint-Joseph.)

La société a toujours le droit de faire prononcer la résolution des accords sociaux à l'égard des souscripteurs qui ne satisfont pas à leurs engagements; elle peut se faire autoriser à vendre leurs actions, et à retenir, s'il y a lieu, à titre de dommages-intérêts, les sommes déjà versées pour les termes échus.

Les actionnaires qui négligent de compléter leur mise, doivent, de plein droit, les intérêts des sommes dont ils sont débiteurs, à partir du jour de l'échéance; ils peuvent même être passibles de plus amples dommages-intérêts.

Pour éviter que des étrangers ne s'introduisent dans la société, on stipule quelquefois que tout associé qui voudra céder ses actions, devra en informer les gérants qui, dans un délai déterminé, pourront en opérer le retrait.

Les actions industrielles sont ordinairement personnelles.

Que doit-on décider quand un actionnaire industriel cède son titre? Distinguons d'abord les actions de jouissance des actions du capital. S'il s'agit d'une action de jouissance, le cessionnaire ou l'héritier de l'actionnaire aura droit au partage des bénéfices qu'a réalisés la société jusqu'au décès du cédant; il n'aura aucun droit après ce décès, puisque la cause qui lui faisait acquérir une part dans ces bénéfices, ne produit plus d'effet. Le cessionnaire serait passible de toutes les retenues qui pourraient être faites au cédant pour inexécution de ses engagements.

S'il s'agit d'une action de capital, l'héritier ou le cessionnaire continuera à jouir des droits d'actionnaire, à recevoir les bénéfices et sera admis au partage du capital lors de la dissolution de la société, parce qu'en vertu du contrat aléatoire intervenu entre la société et l'associé industriel, celui-ci a vendu à la société la chance d'un plus ou moins long emploi de son industrie, moyennant un capital qui est censé avoir servi à payer le capital de son action, et que dès lors il n'y a plus de différence entre son action et celle des associés qui ont fourni leur capital en numéraire.

Si l'actionnaire industriel qui a vendu son action, cesse d'exercer son industrie sans empêchement légitime, les droits de son cessionnaire dépendent des termes dans lesquels le titre est conçu. Si le titre indique que l'action est industrielle, le cessionnaire n'a plus aucun droit dans la société, sauf son recours contre son cédant. Si le titre n'indique pas la nature de l'action, le cessionnaire continuera à jouir de tous les droits d'actionnaire; la société, pourra de son côté, exercer son recours contre le cédant. (Malepeyre et Jourdain.)

L'action et le coupon d'action étant indivisibles, ne peuvent être transférés que dans leur intégralité; des héritiers ne sauraient requérir un transfert collectif qu'en s'accordant pour désigner sur les registres de la société, l'un d'entre eux chargé de les représenter durant l'indivision. Il en serait de même si l'actionnaire cédait son action à plusieurs personnes : la société ne serait tenue de constater le transfert collectif qu'autant qu'un des cessionnaires serait constitué mandataire des autres sur le registre et y recevrait des pouvoirs permettant de le considérer comme seul titulaire de l'action.

Il peut y avoir nécessité de liciter les actions industrielles par autorité de justice, lorqu'elles appartiennent à des personnes qui ne s'accordent pas pour traiter à l'amiable de leurs droits de copropriété ou qui n'ont pas un capital suffisant pour en faire entre elles une licitation amiable.

La loi du 24 mars 1806 et le décret de septembre 1813 indiquent les formalités à suivre pour la vente des actions de la *Banque de France.*

CHAPITRE VII.

Perte de titres.

Si un actionnaire perd son titre, si ce titre disparaît par un événement de force majeure, les droits de cet actionnaire varient selon la nature de l'action adirée.

Lorsqu'il s'agit d'une action nominative inscrite sur les registres de la société, il suffit à l'actionnaire de s'adresser aux administrateurs qui lui délivrent un duplicata de son titre, après avoir simplement constaté son individualité.

Lorsque les actions sont au porteur, l'actionnaire est tenu de les représenter pour exercer ses droits. La présomption, s'il ne les produit pas, est qu'il a cessé d'en être propriétaire. Il alléguerait vainement qu'il les a perdues; la société n'a point à discuter des allégations plus ou moins vraisemblables; elle ne doit qu'aux actions. (Delangle.)

C'est ce qu'a décidé la cour de Paris, par arrêt du 22 juillet 1836.

« Considérant, dit cet arrêt, que la propriété des actions au porteur se transmet par la simple tradition du titre;

« Que dès lors celui qui ne peut représenter le titre, n'en est plus réputé propriétaire à l'égard du débiteur, lequel ne devant qu'au titre, ne doit qu'à celui qui le représente;

« Qu'une société qui établit ses actions sous la forme de titres au porteur, a voulu, par là, se dispenser de suivre la transmission successive des titres entre les mains des divers débiteurs, et éviter de prendre part aux contestations qui pourraient s'élever sur la possession de ces titres;

« Qu'elle a voulu aussi assurer la libre circulation de ses actions, et que c'est sous la foi de ces engagements respectifs, que la société a été formée;

« Que celui qui a consenti à prendre des actions au porteur a su que la société n'était obligée qu'au titre et a volontairement couru les risques de la perte; que pour assurer son action contre le détenteur du titre qu'il a perdu, il peut, sans doute, prendre telles mesures conservatoires qui n'entraveront pas les opérations de la société;

« Mais qu'à moins qu'il ne prouve que ce titre a péri entre ses mains, il n'a aucune action contre la société, soit pour s'en faire reconnaître propriétaire, soit pour s'en faire payer conditionnellement les dividendes, et ne peut engager ainsi la société dans des mesures que les statuts n'autorisent pas et dans des contestations qu'elle a voulu éviter avec les parties qui pourraient se présenter. »

Il n'en est pas de même si l'actionnaire prouve qu'il a été dépouillé par un vol et s'il offre de donner à la société de suffisantes garanties pour le cas où les actions vôlées seraient représentées.

La Cour de cassation a jugé qu'en pareil cas l'actionnaire peut réclamer de nouveaux titres (15 novembre 1841);

« Attendu que le fait de l'acquisition des actions avait constitué le défendeur actionnaire et propriétaire des dettes actives;

« Qu'il n'avait pas perdu cette qualité par la privation résultant du vol à lui fait et constaté par arrêt de cour d'assises;

« La cour, etc. »

S'il s'agit d'une action transmissible par voie d'endossement, le porteur ne peut également obtenir un nouveau titre qu'autant qu'il établit à la fois la destruction matérielle par cas fortuit et la transmission qui lui en avait été faite.

Si le titre n'avait été que volé ou égaré, on ne pourrait en délivrer un second; l'actionnaire devrait, dans ce cas, en dénoncer la perte aux administrateurs de la société, par acte d'huissier, en déclarant qu'il fait opposition à tout paiement de dividendes, à tout transfert qui pourrait être requis, à l'exercice de tous droits de la part des détenteurs qui, par suite d'un faux endossement ou de toute autre fraude, se prétendraient propriétaires de l'action. De cette manière, si un tiers-porteur se présentait après cette opposition, les agents de la société devraient retenir le titre qui leur serait présenté et suspendre le paiement de tout dividende jusqu'à ce que l'opposant et le réclamant eussent fait statuer par les tribunaux sur leurs prétentions respectives. (Goujet et Merger.)

Si personne ne se présentait, le propriétaire du titre adiré pouvait se pourvoir devant les tribunaux pour établir ses droits de propriété.

A la dissolution de la société, l'actionnaire est également recevable à établir ses droits et à se faire admettre au partage de l'actif.

CHAPITRE VIII.

Administration de la société anonyme.

SECTION I.

Droits et obligations des gérants.

Les gérants d'une société anonyme sont de simples mandataires à temps. Ils sont électifs et, par conséquent, soumis à une majorité qui peut varier par suite du changement du personnel des actionnaires. (C. comm., art. 31).

Dans une société en nom collectif ou en commandite, la gestion se lie étroitement à l'existence même de la consortine. C'est une des parties substantielles du contrat; si la gestion est modifiée ou détruite, la société est dissoute. La retraite du gérant ou son exclusion y met fin, à défaut de stipulation contraire. Le contrat ne peut survivre à la personne, car il a été formé en vue de cette personne. (Delangle, 425.)

Dans la société anonyme, la personne n'est rien. Les associés ne se choisissent pas, ils ne se connaissent même pas; le seul but qu'on se propose est de réunir des capitaux destinés à la réalisation d'une grande entreprise. Il n'y a pas nécessité que l'administration ait un caractère permanent, et les personnes qui la composent peuvent, sans inconvénient, être changées. En effet, l'administration, restreinte à l'exécution des statuts, s'exerce sous le contrôle continuel des associés, et, de plus, le gérant ne s'engageant pas personnellement, le capital social est la seule garantie des dettes contractées par la société; c'est en considération des ressources propres à l'être collectif que le public traite avec ses agents.

Les administrateurs de la société anonyme, réputés simples mandataires, sont essentiellement révocables; c'est la condition du mandat, et cette condition reçoit son application dans le cas même où le gérant, associé ou non, a été constitué par les statuts.

C'est ce qui résulte de l'article 31 du Code de commerce, qui n'admet aucune distinction entre le cas où la gestion est donnée par l'acte social et celui où elle est conférée par une délibération postérieure.

Il est naturel que, dans les sociétés civiles et dans les sociétés commerciales qui engagent indéfiniment la responsabilité personnelle des associés, la désignation du gérant enchaîne la volonté des parties. En effet, l'organisation de la gestion a été l'une des conditions du contrat; elle a déterminé le consentement des autres associés peut-être, mais assurément celui de l'associé gérant. Il est donc juste, quand on veut le priver de la direction des affaires, et, le cas échéant, lui imposer à lui-même un gérant dont sa fortune, sa liberté, son honneur vont dépendre, qu'on dise de quelles fautes il s'est rendu coupable et qu'on entende sa justification.

Mais dans la société anonyme, où la personne des intéressés s'efface complétement et où l'action des créanciers se réduit à la discussion du fonds social, il n'y a plus les mêmes raisons d'attacher à la gestion conférée par l'acte social un caractère de perpétuité, ou d'en subordonner la cessation aux chances d'un débat judiciaire. D'une part, en effet, l'administrateur que la majorité des associés prive de ses fonctions, n'a pas à craindre que sa position personnelle ne soit compromise par le gérant auquel la direction sera confiée; il n'a pas à redouter, dans l'avenir, de poursuite directe des créanciers sociaux. Et, d'autre part, comment affirmer que, dans une association composée de mille à douze cents associés, souvent d'un plus grand nombre, le choix du gérant ait déterminé les adhésions données à l'entreprise? Dans les sociétés anonymes ce n'est pas du gérant qu'on s'occupe, mais de la chose sociale; la personne du gérant n'est qu'une considération secondaire et avec d'autant plus de raison que, selon l'usage, chaque actionnaire est appelé chaque année, en assemblée générale, à contrôler la gestion, et qu'il a le droit non-seulement de conseiller, mais d'imposer, s'il le juge à propos, une direction nouvelle pour l'avenir. (Delangle.)

Disons aussi que l'article 1856 du Code Napoléon contient une dérogation au principe général, que le mandat est essentiellement révocable et que les dérogations ne s'étendent pas.

Les sociétés anonymes, d'ailleurs, sont destinées à réaliser de grands desseins; c'est le but de leur institution et des mille précautions dont leur naissance est entourée. Ce n'est pas pour faciliter un commerce ordinaire que les pouvoirs publics interviennent, et qu'ils examinent longuement, laborieusement, les statuts et les ressources des compagnies qui s'organisent. Or, pour atteindre ce but, la première condition est une direction intelligente, élevée, capable de suivre les progrès du commerce et de l'industrie, et d'augmenter, en s'y associant avec prudence, les gains que les associés espéraient.

Mais un gérant peut être parfaitement honnête, intelligent dans de certaines limites, sans être doué de cet esprit de prévision et d'avenir qui assure la prospérité des sociétés, qui peut les sauver au besoin. Pourquoi serait-il interdit de lui enlever des fonctions auxquelles il est désormais inférieur, pour les confier à des mains plus habiles? Pourquoi la société serait-elle condamnée à subir une gestion dont elle n'a plus à attendre rien d'utile? Tel convient au début d'une entreprise qui, aux jours de la prospérité et du péril, n'est plus qu'un embarras.

Mais si, pour retirer le mandat des mains dans lesquelles il languit, il ne suffit pas d'une volonté formellement exprimée par le plus grand nombre; s'il faut, conformément à l'art. 1856 du Code Napoléon, l'allégation d'une cause légitime contre le gérant, c'est un procès à entamer; si le gérant résiste, il faut plaider.

Le seul moyen d'échapper à ces inconvénients, c'est de donner à la règle écrite dans l'art. 51 (C. comm.), toute l'énergie qu'elle comporte, et de décider que, quelles que soient l'origine, la date et la forme de la délégation, elle est essentiellement révocable et précaire. (Delangle.)

Le gérant d'une société anonyme peut être salarié; rien ne s'oppose à ce que l'on paie celui qui rend des services à la société, fût-il actionnaire.

Nous entendons ici par gérants l'ensemble du pouvoir d'administrer, ce pouvoir peut être réparti entre divers agents dont les attributions et les titres sont déterminés par les statuts.

Le Code de commerce, sans rien dire de ces attributions, qualifie les gérants de mandataires. Or les pouvoirs d'un mandataire sont plus ou moins étendus, suivant les termes de l'acte qui l'a nommé et suivant le but pour lequel il a reçu le mandat.

Les gérants ne peuvent faire que des actes d'administration; ils ne peuvent ni transiger, ni compromettre sans l'assentiment de la société. Les actions qu'ils peuvent intenter et répondre sont celles qui tiennent à la gestion; quand il s'agit d'un procès relatif à un immeuble, l'autorisation de la société est nécessaire. Ils n'ont droit d'aliéner les immeubles qu'en vertu d'une stipulation expresse.

Les administrateurs répondent de tout dommage qui résulte de l'inobservation totale ou partielle de leur mandat et des fautes qu'ils commettent; ils ne peuvent être admis à compenser les profits qu'ils auraient procurés à la société avec les pertes qu'ils auraient occasionnées par leur fait.

Ils doivent rendre compte de leur gestion et faire connaître l'emploi des sommes qu'ils ont reçues.

Ils répondent de ceux qu'ils se sont substitués, s'ils n'ont pas reçu pouvoir de se substituer quelqu'un ou si, libres de choisir, ils ont pris des personnes notoirement incapables ou insolvables.

Un gérant doit, de plein droit, l'intérêt des sommes qu'il a détournées ou appliquées à ses besoins personnels, du jour de l'emploi ; il pourrait même être condamné à de plus amples dommages-intérêts, s'il avait omis de faire des opérations avantageuses pour la société, afin d'employer à son profit les fonds qu'elles auraient nécessités.

Il doit l'intérêt des sommes dont il est reliquataire du jour de la mise en demeure.

Il est seulement responsable de l'inexécution de son mandat. Il ne contracte, à raison de sa gestion et relativement aux engagements de la société, aucune obligation personnelle.

La Cour de cassation a décidé, par arrêt du 6 mai 1835, que l'avoué chargé d'occuper sur appel, pour une société anonyme procédant par son directeur, n'avait pas d'action personnelle, pour le paiement de ses frais, contre ce directeur;

«Attendu, dit l'arrêt, que le directeur d'une société anonyme, en chargeant un avoué d'occuper pour cette société dans un procès, ne fait qu'un acte de gestion n'emportant contre lui aucune obligation personnelle;

«Que la société obligée à raison du mandat qu'elle a donné, est seule tenue de rembourser les avances et frais faits pour son exécution;

«Qu'en le jugeant ainsi dans l'espèce, et rejetant la demande directement formée contre l'administration, l'arrêt fait une juste application de l'art. 32 du Code de commerce;

«Par ces motifs, la Cour, etc... »

L'administrateur doit se renfermer dans les limites de son mandat; autrement il agit et s'engage pour son compte personnel.

Dans le cas où les actes de l'administration ont eu pour objet et pour résultat de nuire aux créanciers et de leur enlever la meilleure partie du gage sur lequel ils avaient prêté, l'administrateur échappe à toute action en prouvant qu'il n'a fait qu'exécuter les ordres de l'assemblée générale; c'est ce qu'a jugé la cour de Paris, le 20 décembre 1839.

« Attendu, dit l'arrêt, que les administrateurs ont été fondés à agir comme ils l'ont fait, puisqu'ils étaient obligés de se soumettre à la volonté explicite des actionnaires, lesquels ayant pouvoir, aux termes de l'art. 31 du Code de commerce, de les révoquer, avaient nécessairement le droit de leur imposer leur volonté;

« Que la loi n'a pas refusé aux sociétés anonymes plus

qu'aux autres sociétés, la faculté de modifier le mode de leur existence individuelle et de changer le mandat de leurs administrateurs;

« Que les créanciers de la société de Charenton doivent s'imputer de n'avoir pas suffisamment veillé au maintien intégral de leur garantie, ce dont la loi leur offrait le moyen, etc...

« Que si, par suite de leur négligence, ils ne sont pas déchus de tout recours contre la masse de leurs débiteurs, ils ne peuvent du moins ni légalement, ni équitablement, attaquer personnellement les administrateurs de Charenton, à raison d'un fait que ces derniers n'avaient ni droit ni qualité pour empêcher. »

Cette décision, au premier abord, semble blesser l'équité; mais il est facile de voir, en se reportant aux règles du mandat qu'elle est juste et conforme à la loi.

L'assemblée générale des actionnaires avait ordonné la vente et la démolition d'une machine, formant le gage des créanciers de la société. Les administrateurs s'étaient contentés d'exécuter cet ordre. Or il est hors de doute que le mandataire d'un simple particulier serait à l'abri de toute poursuite en prouvant que c'est en remplissant son mandat qu'il a nécessairement compromis la garantie du créancier de son mandat. Mais ce qui est vrai du mandataire d'un particulier l'est également du mandataire d'une société.

Aucune solidarité n'existe entre les gérants, directeurs et autres employés à raison du mandat qui leur est confié. Cependant la solidarité devrait être prononcée si le fait dommageable était un délit prévu et réprimé par la loi pénale, lors même que la réparation ne serait pas poursuivie, dans l'intérêt de la compagnie lésée, devant les tribunaux de répression.

Si les actes des administrateurs étaient contraires aux statuts, dans les dispositions qui touchent à l'ordre public et à l'intérêt des tiers, en telle sorte que les garanties sur la foi desquelles l'autorisation impériale avait été donnée, se trouvent perdues, les administrateurs seraient responsables du préjudice qu'ils auraient causé par la violation des règles qu'ils devaient respecter comme la condition de leur existence. Les délibérations d'assemblée, dans ce cas, ne pourraient que constituer un fait de complicité, mais non préserver les mandataires qui les auraient exécutées. (Delangle, 448.)

SECTION II.

Conseil d'administration.

Nous venons de parler des droits et des obligations des administrateurs en général. Nous allons nous occuper, dans cette section et dans les suivantes, des divers éléments dont l'administration d'une société anonyme se compose.

Les pouvoirs les plus étendus, après ceux qui sont réservés à l'assemblée générale, appartiennent au conseil d'administration. Ils consistent soit à contrôler et à surveiller la gestion, soit à donner des conseils au gérant, soit à autoriser ses actes, soit à diriger l'administration.

Le conseil a le droit de nommer et de révoquer les administrateurs, si toutefois les statuts ne s'y opposent.

Le conseil d'administration se compose d'un nombre

de membres fixé par les statuts ; ces membres sont d'abord désignés par l'acte social et ensuite élus par les actionnaires réunis en assemblée générale.

Leurs fonctions sont salariées ou gratuites. Ils doivent ordinairement posséder un certain nombre d'actions, inaliénables pendant leur gestion et qui restent en dépôt dans la caisse sociale, pour garantie de leurs actes; mais rien n'empêcherait de les choisir en dehors du corps des actionnaires. Ils élisent le plus souvent parmi eux, un président et un vice-président, qui convoquent et président le conseil.

A défaut de stipulations spéciales dans l'acte de société, la nomination des administrateurs a lieu au scrutin secret et à la majorité absolue des membres présents et votants de l'assemblée générale. Si deux tours de scrutin n'amènent pas de résultat, on procède à un scrutin de ballotage entre les deux candidats qui ont réuni le plus grand nombre de suffrages.

L'administrateur nommé par une délibération irrégulière, doit être remplacé ; mais les actes par lui passés avec les tiers sont maintenus (Cassation, 7 janvier 1856).

Cet administrateur a même droit au remboursement des dépens qu'il a faits pour le compte de la société et à une indemnité pour les soins qu'il a donnés à la gestion, bien qu'il n'ait pas ignoré le vice de sa nomination (Cass., 7 janvier 1856).

La durée du mandat confié aux administrateurs est, en général, fixée par l'acte de société qui indique, en même temps, si le conseil doit être renouvelé entièrement ou partiellement. Ce dernier mode est préférable, parce qu'en l'adoptant, une partie des anciens administrateurs reste quelque temps avec les nouveaux pour les mettre au courant des affaires sociales.

Si l'acte de société avait nommé des administrateurs pour tout le temps de la durée de la société, cette clause ne serait point valable.

Certains auteurs ont pensé qu'il fallait faire ici une distinction entre les administrateurs associés et les administrateurs étrangers, et que les premiers ne seraient révocables que pour des motifs appréciés par la justice, tandis que les seconds le seraient toujours, malgré la clause d'irrévocabilité.

Quant à nous, nous croyons que l'article 31 du Code de commerce doit être appliqué sans restriction, comme toute disposition légale relative aux sociétés anonymes. En effet, ces dispositions sont d'ordre public, car le législateur a voulu mettre l'autorité à même de reconnaître si elles sont suivies, en rendant nécessaire une ordonnance du pouvoir exécutif. Jamais le gouvernement n'a ratifié un acte de société anonyme, renfermant une clause d'irrévocabilité des gérants.

Les administrateurs régulièrement nommés peuvent être révoqués de leurs fonctions, avant l'époque déterminée pour l'expiration de leur mandat (Delangle, Malepeyre et Jourdain).

Peut-on limiter le droit de révocation en déterminant, dans les statuts, les causes pour lesquelles seulement les administrateurs pourront être révoqués? Nous ne le pensons pas, car ce serait renoncer à une partie du droit de révocation, qui s'exerce par la seule volonté des assemblées et sans qu'elles soient obligées d'en donner des motifs. Admettre cette restriction, ce serait permettre d'annuler indirectement ce droit qui ne peut s'annuler directement ; car on pourrait le limiter à des cas tellement restreints qu'il serait illusoire (Malepeyre et Jourdain).

Le gouvernement est dans l'usage de refuser son approbation à des statuts qui confèrent irrévocablement l'administration de la société même à des associés fondateurs.

Si les administrateurs avaient été nommés pour toute la durée de la société par les statuts, ou si, sans les rendre irrévocables, les statuts n'avaient pas déterminé le temps pour lequel ils devaient être nommés, ce défaut de limitation de temps serait relevé par le conseil d'État chargé de l'examen qui doit précéder l'autorisation impériale. Mais si, contre toute probabilité, cette lacune n'avait pas été comblée soit avant l'ordonnance d'autorisation, soit par cette ordonnance, les assemblées d'actionnaires devraient suppléer à ce qui manque dans les statuts et déterminer la durée des pouvoirs des gérants. Ce droit résulte de la nécessité d'exécuter la loi qui veut que les gérants soient nécessairement temporaires et qu'une nomination pour un temps illimité violerait (Malepeyre et Jourdain).

Les administrateurs ont, de leur côté, le droit de se démettre de leurs fonctions, en se soumettant, à cet égard, aux règles établies pour le mandat.

Ils deviennent passibles d'une indemnité, si leur retraite est l'occasion d'une perte pour la société.

Nous avons vu la manière d'établir le conseil d'administration; il nous reste à examiner ses pouvoirs.

Ces pouvoirs doivent être déterminés par les statuts;

l'acte de société qui ne contiendrait pas de disposition suffisante sur ce point, ne serait pas approuvé par le gouvernement.

L'instruction ministérielle du 22 octobre 1807 porte que les actes sociaux doivent énoncer l'affaire ou les affaires que la société se propose d'entreprendre et le mode d'administration. Cette instruction ministérielle enjoint aux préfets de donner leur avis, de manière à mettre le ministre en état de reconnaître si le mode d'administration, tel qu'il est réglé par les statuts, offre toutes les garanties désirables.

Il est impossible de tout régler, car il est impossible, au moment où une société s'organise, de prévoir tous les événements qui surviendront.

Les règles que nous avons exposées ci-dessus en parlant des gérants, de leurs droits et de leurs obligations en général, s'appliquent nécessairement aux membres du conseil d'administration.

Nous devons ajouter ici quelques observations.

S'il s'élève des contestations entre associés, l'associé demandeur doit assigner la société en la personne des administrateurs.

Le conseil d'administration ne peut emprunter sans l'autorisation de l'assemblée générale, si le droit ne lui en a pas été accordé dans l'acte social.

Il a été jugé qu'un emprunt ne peut être autorisé que par tous les actionnaires; qu'une délibération prise par l'assemblée générale à la majorité des suffrages, serait insuffisante pour lier la société en l'absence de tout pouvoir donné par l'acte de société. Les administrateurs qui ont agi sans cette autorisation, en leur qualité de gérants, restent personnellement responsables de l'emprunt contracté (Cass., 20 juin 1845).

Un emprunt est également obligatoire pour ceux des associés qui l'ont autorisé.

Si un emprunt a été contracté par un administrateur au moyen de billets à ordre par lui souscrits, en vertu des pouvoirs qui lui ont été donnés par la délibération, conformément aux conditions stipulées par les prêteurs, les associés signataires de la délibération sont obligés solidairement au paiement de ces billets à ordre, encore bien qu'aux termes de l'acte social ils ne fussent passibles des dettes qu'au prorata de leurs actions et pour leur part virile (Cassation, 22 août 1844).

Quand la somme empruntée par suite d'une délibération irrégulière, tourne au profit de la société, le prêteur peut exercer son recours contre elle.

Le conseil d'administration délibère et arrête à la majorité toutes les mesures qu'il convient de prendre dans l'intérêt de l'exploitation qui lui est confiée; il arrête les conditions des traités passés avec les tiers dans l'intérêt de la société; il réunit aux époques indiquées et même extraordinairement, s'il en a le droit, les assemblées d'actionnaires et fait exécuter les délibérations prises en assemblée générale.

Le droit de transiger et celui de compromettre ne peut s'exercer par les administrateurs qu'en vertu d'une autorisation de l'assemblée générale.

La qualité d'associé n'ajoute rien à la responsabilité des administrateurs comme mandataires.

Il a été jugé qu'un conseil d'administration autorisé à plaider, transiger et compromettre, avait excédé ses pouvoirs, en mettant à la charge des actionnaires des dépenses faites pour les travaux préparatoires, avant l'ordonnance impériale d'autorisation. (Cassation, 1er avril 1834.)

SECTION III.

Assemblée générale.

Nous avons dit que, dans la société en commandite, le commanditaire ne peut faire acte de gestion sans engager sa responsabilité personnelle. Dans la société anonyme au contraire, l'actionnaire peut discuter les actes futurs aussi bien que les actes accomplis, demander des modifications au régime suivi jusqu'alors, réclamer l'application de nouveaux procédés, l'ouverture de nouveaux comptoirs, exiger des dépenses nouvelles dans l'intérêt commun et sa responsabilité, quoiqu'il arrive, n'est pas engagée.

De plus les administrateurs ne peuvent recevoir leur mandat que des associés. Les administrateurs sont de simples mandataires à temps et révocables; il y a donc nécessité pour les associés, de conserver une action dans l'administration, afin de surveiller les administrateurs, les révoquer et les remplacer. Cette action, les associés doivent l'exercer ensemble en assemblée générale.

Ces réunions d'actionnaires sont soumises à des règles fixes. Ainsi dans tout contrat de société, il est stipulé que les actionnaires se réunissent périodiquement, à des époques dont le nombre est déterminé, à l'effet d'entendre les rapports de l'administration sur la situation des affaires sociales et de délibérer sur certaines questions intéressant la société, soit conjointement avec les administrateurs, soit à l'exclusion de ceux-là.

Ces assemblées générales, ainsi que le disent MM. Malepeyre et Jourdain, sont en quelque sorte la société personnifiée pour nommer ses mandataires et contrôler leurs opérations, comme pour statuer sur les cas qui n'ont pas été abandonnés à la décision des mandataires seuls. (Malepeyre et Jourdain, page 220.)

En principe tout propriétaire d'actions a le droit de participer aux délibérations sociales ; chaque action constituant une fraction du capital social, confère un vote à celui qui la représente. Cependant ce droit n'étant pas d'ordre public, les statuts y apportent souvent des modifications pour empêcher que le fractionnement du capital n'amène une trop grande division et ne nuise aux intérêts véritables de la société. Le droit de voter, la voix délibérative n'est en général attaché qu'à la possession d'un certain nombre d'actions, afin que l'intérêt de ceux qui participent aux délibérations offre de plus grandes garanties contre des influences étrangères et souvent rivales.

Les statuts proportionnent souvent l'influence de chaque actionnaire dans les assemblées délibérantes, au nombre d'actions dont il est porteur, en lui donnant un nombre proportionnel de voix dans les délibérations. Cette stipulation intéresse les capitalistes à apporter des sommes plus considérables dans la société ; elle n'est ni défendue par la loi, ni contraire à l'ordre public. Mais on peut aussi convenir que les membres de l'assemblée générale n'auront qu'une voix, quel que soit le nombre des actions dont ils se trouvent propriétaires.

Pour faire partie des assemblées générales il faut justifier de la qualité d'actionnaire.

Lorsque les actions sont nominatives, la qualité d'actionnaire est suffisamment justifiée par l'inscription du nom de l'associé sur les registres de la société et par la représentation du titre conforme à cette inscription.

Si le titre est au porteur, le nom de l'associé n'étant pas inscrit sur les registres, et la propriété n'étant constatée que par la possession du titre, la représentation de ce titre ne prouve pas que le porteur soit réellement propriétaire de l'action. La facilité de remettre ces titres de la main à la main pouvait permettre à des associés porteurs d'un grand nombre d'actions de cette nature, d'augmenter leur influence dans les délibérations, contrairement aux statuts et au préjudice des droits des autres actionnaires, de se rendre enfin maître des assemblées en les remplissant de leurs affidés, auxquels ils pourraient distribuer leurs actions au moment de la réunion, sans qu'il fût possible de constater la fraude. Pour empêcher cette manœuvre, on a coutume de stipuler que les propriétaires d'actions au porteur, ne seront admis à voter dans les assemblées générales qu'autant qu'ils justifieront du dépôt de leurs actions, fait au moins trois mois avant l'époque fixée pour la réunion. Les statuts prescrivent ordinairement que ce dépôt sera fait entre les mains des administrateurs, dont le récépissé servira de titre pour toucher les dividendes et intérêts qui seront acquis pendant tout le temps que les actions resteront déposées.

Pour éviter, autant que possible, les transmissions simulées d'actions nominatives au moment de la réunion des assemblées, les statuts n'autorisent souvent l'admission des porteurs d'actions nominatives que lorsque leur propriété remonte à trois mois au moins avant l'époque de la réunion. (Malepeyre et Jourdain.)

Quant aux actionnaires exclus des assemblées, il est un moyen de leur faire connaître ce qui s'y passe et de les mettre en état de juger s'il a été fait quelque chose de contraire aux statuts, et en même temps de connaître la situation du fonds social; c'est d'imposer à l'administration l'obligation de faire imprimer et distribuer les procès-verbaux des séances, avec les rapports de l'administration présentant l'état de situation de la société.

En prescrivant cette mesure, les statuts rentrent dans l'esprit de la jurisprudence du ministère qui, d'après l'avis du conseil d'État, exige, pour l'approbation des statuts, que les sociétés anonymes s'obligent à présenter, tous les six mois, les états de situation dont une copie doit être remise au greffe du tribunal civil, une autre au préfet du département et une troisième à la chambre de commerce; et de plus, pour celles qu'ont des actions au porteur, à publier cette situation par la voie de l'impression. (Instruction ministérielle du 11 juillet 1808, cinquième question.)

Les statuts doivent fixer les époques auxquelles se tiendront les assemblées générales et la manière dont les actionnaires seront convoqués. Les assemblées annuelles ont été reconnues insuffisantes dans toute société dont les opérations sont un peu multipliées. La grande quantité d'affaires nécessairement comprise dans un compte annuel, ne permet pas aux actionnaires d'entrer dans un examen suffisant des détails de l'administration. Des fautes et des malversations peuvent passer inaperçues ou n'être reconnues que lorsqu'il n'est plus temps d'y remédier. Les comptes semestriels ont donc, outre l'avantage que nous avons signalé ci-dessus, celui de rendre la surveillance plus active et plus facile. (Malepeyre et Jourdain.)

Lorsque les actions sont nominatives, les associés sont convoqués par des lettres individuelles, au domicile indiqué sur les registres ; s'il s'agit d'actions au porteur, la convocation devra être faite par affiches et par la voie des journaux.

On peut d'ailleurs indiquer dans les statuts, les jours de l'année auxquels les assemblées auront lieu.

Les actionnaires convoqués en assemblée générale, ont le droit de se faire représenter par des mandataires. Mais pour éviter que des étrangers viennent s'immiscer dans les opérations de la société, il est fréquemment stipulé que ces procurations ne pourront être données qu'à des associés.

Ordinairement le nombre d'actionnaires qu'un mandataire a le droit de représenter est limité, afin qu'un trop grand nombre de votes ne puisse pas s'accumuler sur une seule tête.

Les actionnaires réunis en assemblée générale peuvent délibérer sur tous les intérêts sociaux, pourvu que les objets de leurs délibérations rentrent dans l'exécution des statuts. Ils procèdent à la nomination des administrateurs, entendent les rapports de l'administration sur la situation des affaires sociales, examinent les comptes, étendent ou restreignent la fabrication, etc.

Jamais ces assemblées ne peuvent modifier les statuts, jamais la majorité la plus forte ne peut obliger la minorité à se soumettre à une décision qui apporte un changement aux stipulations du contrat de société. La décision qui tend à modifier les conventions sociales, doit être prise à l'unanimité des actionnaires ; de plus, elle n'est valable qu'après avoir reçu l'approbation du gouvernement.

C'est d'ailleurs une conséquence de l'art. 1134 du Code Napoléon, qu'une société ne peut, à moins de l'assentiment de tous ceux qui la composent, changer les conditions essentielles et constitutives de l'association.

Si la majorité de l'assemblée arrêtait une mesure que la minorité considérerait comme une violation manifeste de l'acte social, celle-ci ne serait pas liée par une telle décision; les associés composant la minorité seraient fondés à se pourvoir, en leur nom, contre les gérants de la société représentant le corps social, devant les tribunaux, ou à proposer, par voie d'exception, la nullité de ces délibérations, s'ils étaient actionnés par les administrateurs chargés de les faire mettre à exécution. (Goujet et Merger.)

Une assemblée générale ne peut astreindre les associés à des versements supplémentaires et les frapper, faute d'obéir, de la déchéance de leurs droits primitifs. Car quand le capital social a été fixé et formé, la majorité ne saurait imposer à la minorité des sacrifices nouveaux et surtout confisquer à son profit la mise des actionnaires opposants. Un pareil acte serait une véritable spoliation.

Il en serait autrement si cette éventualité d'augmenter le capital social avait été formellement prévue dans le contrat de société qui est revêtu de la sanction du gouvernement.

Les délibérations sont prises à la majorité déterminée par les statuts.

Nous avons dit que le consentement de tous les associés était nécessaire pour modifier les statuts. Or il est difficile, en présence d'actions au porteur, de constater le consentement de tous les associés. La signature du porteur de titre ne donnera rien de certain, car, un instant après avoir signé, il peut céder son action à un tiers, sans qu'il reste de la transmission de propriété aucune trace qui indique quel était le précédent propriétaire, et ainsi ce tiers devenu porteur et en même temps propriétaire de l'action, peut prétendre qu'il n'a pas connu les modifications et y mettre opposition, ce qui en ferait évidemment refuser l'approbation.

Pour éviter cet inconvénient, la caisse hypothécaire lorsqu'elle voulut modifier ses statuts en 1828, prit le parti de décider que tout actionnaire, en venant adhérer aux modifications des statuts, présenterait ses actions qui seraient à l'instant frappés d'une estampille portant la mention de l'adhésion; en sorte qu'il serait impossible à un tiers, ayant acquis l'action portant cette mention, de prétendre qu'il ignorait les modifications et de refuser de les reconnaître. Nous croyons que les compagnies, dont le capital se compose d'actions au porteur, feraient bien d'imiter cet exemple.

L'assemblée générale, si elle est unanime ou si elle

réunit la majorité prescrite par les statuts, autorise valablement un emprunt même hypothécaire, qui est contracté ensuite par les administrateurs. (Bordeaux, 21 décembre 1840.)

La Cour de Paris a décidé (18 juillet 1859) qu'une société anonyme n'excédait pas les limites de sa capacité en faisant un traité aléatoire, s'il restait dans l'exécution de ses statuts.

Cet arrêt que confirma la Cour de cassation, est conforme aux règles du droit. En effet, la loi n'impose pas aux actionnaires d'une société anonyme la nécessité de se renfermer dans le cercle des opérations indiquées et énumérées dans les statuts. Elle leur permet de faire tout acte en rapport avec l'exploitation de la société et le but qu'elle se propose. Or, si pour étendre sa fabrication, augmenter le nombre de ses ateliers, etc., on lui propose un marché à forfait, pourquoi n'accepterait-elle pas ces conditions ? Les êtres collectifs, les personnes morales ont les mêmes facultés juridiques que les particuliers, ils peuvent contracter de la même manière.

Nous avons déjà dit, en parlant des droits des gérants, que l'approbation donnée par l'assemblée générale à des actes de mauvaise administration, renfermés dans les limites des statuts est valable et couvre la responsabilité des gérants. Nous ajouterons ici qu'il en est autrement des infractions au pacte social, que l'assemblée générale n'a pas pouvoir de ratifier.

Lorsque l'assemblée générale a statué dans les limites de ses pouvoirs, ses décisions sont obligatoires pour tous les associés sans exception. Dans le cas contraire, tout porteur d'actions peut provoquer l'annulation de la décision, lors même qu'il n'a pas pris part à la délibération. Le compte de gestion est ordinairement rendu en assemblée générale, mais si ce compte n'est pas rendu, chaque actionnaire a droit de demander qu'on lui rende compte individuellement de la situation des affaires sociales.

SECTION IV.

Directeurs et agents.

Le conseil d'administration d'une société anonyme ne prend que des décisions d'une certaine importance; le détail de l'exploitation est généralement laissé aux soins d'employés salariés. Ce sont les directeurs, sous-directeurs et agents de la société.

Le directeur d'une compagnie est ordinairement nommé par le conseil d'administration et placé sous sa surveillance; il est essentiellement révocable. Ses pouvoirs doivent être réglés par les statuts.

Il agit au nom de la société, dirige les bureaux et les opérations sociales, exécute ou fait exécuter les décisions du conseil d'administration et de l'assemblée générale. Il règle les comptes des ouvriers, fait les recettes, ordonne les paiements, etc., etc.

Il ne peut faire autre chose que des actes d'administration sans y être autorisé par l'acte social ou par l'assemblée générale. Si, par exemple, il contractait un emprunt sans cette autorisation, le prêteur n'aurait d'action que contre lui pour le remboursement de sa créance.

Le directeur est tenu de rendre compte de sa gestion au conseil d'administration, aux époques et selon les conditions prévues par le contrat de société.

Le directeur, de même que tout mandataire, répond de ceux qu'il se substitue. Il s'adjoint ordinairement un sous-directeur nommé également par le conseil d'administration, et peut parfois si les statuts le permettent, déléguer une partie de ses pouvoirs à un tiers qui dès lors est mandataire de la société.

Le directeur qui n'est chargé que de l'exécution des travaux et à qui les statuts ne confèrent pas d'autres pouvoirs, ne représente pas la société vis-à-vis des tiers.

Quant aux agents de la société que l'on désigne sous le nom de chefs d'exploitation, chefs de bureau, etc., ils ne tiennent leurs pouvoirs que du conseil d'administration ou du directeur.

SECTION V.

Censeurs ou commissaires de surveillance.

Dans certaines compagnies anonymes, les actionnaires, réunis en assemblée générale, nomment, le plus souvent parmi les associés, des fonctionnaires chargés de contrôler les opérations de l'administration, de vérifier les comptes et toutes les branches du service, afin de s'assurer si les statuts sont fidèlement observés. Ces fonctionnaires sont appelés censeurs et quelquefois commissaires de surveillance.

Ils ont le droit de se faire représenter les livres de la société, l'état des caisses, la correspondance. Ils exercent une partie des pouvoirs de l'assemblée générale, en se faisant rendre des comptes par l'administration aux époques fixées par les statuts. Ces époques doivent naturellement être plus rapprochées que celles des réunions de l'assemblée générale.

Si les censeurs voyaient la nécessité de convoquer cette assemblée extraordinairement, ils devraient le faire. Ce droit ne peut résulter que d'une clause expresse de l'acte social.

Les censeurs peuvent provoquer la destitution de tout administrateur qui a commis une faute grave dans l'exercice de ses fonctions.

Souvent les statuts donnent aux censeurs le droit de discuter avec et contre les administrateurs les questions sociales qui intéressent les actionnaires ; si les statuts sont muets à cet égard, le point de savoir si les actionnaires ont renoncé au profit des censeurs ou commissaires de surveillance, au droit de former une action judiciaire contre les administrateurs, doit être décidé par les tribunaux.

Les censeurs doivent présenter, à chaque assemblée générale, un rapport sur les résultats de leurs vérification et examen, après que l'administration a fait elle-même ses rapports sur les opérations sociales. Les censeurs sont donc les contradicteurs naturels des administrateurs à ces assemblées.

Cette institution permet d'éviter le mal ou d'empêcher qu'il ne s'aggrave. Un comité de surveillance peut arrêter l'administrateur qui va commettre une faute ou se rendre coupable de négligence.

Les censeurs ainsi que les administrateurs ne sont responsables que de l'exécution de leur mandat. S'ils ont laissé passer inaperçues des fautes qu'ils auraient dû empêcher ou diminuer, s'ils n'ont pas fait connaître en temps utile les infidélités d'un employé qu'ils n'ignoraient pas, ils sont tenus d'indemniser la société des pertes qu'elle a éprouvées. (Malepeyre et Jourdain.)

Il y aurait aussi inexécution du mandat des censeurs, si les censeurs ignoraient certaines fautes pour avoir omis de faire ce que les statuts prescrivent.

SECTION VI.

Assureurs ou garants.

Les assureurs ou garants sont ceux qui, moyennant une prime, se chargent de fournir une indemnité pour le tort que peut causer soit leur propre erreur, soit un événement incertain.

Les sociétés anonymes, suivant l'objet de leurs entreprises, créent près d'elles des compagnies d'assurances ou bureaux de garanties. Ces bureaux estiment la valeur des objets d'où dépend la réussite de l'opération, et moyennant une prime que leur paie la société, l'assurent contre tout événement pouvant faire manquer l'opération ou causer des pertes à la société.

Les statuts déterminent les droits et obligations réciproques des assureurs et de la société les uns envers les autres.

SECTION VII.

Conseil judiciaire.

Lorsque les opérations d'une société anonyme peuvent donner lieu à un contentieux important, il est bon d'instituer pour la société un conseil judiciaire composé de jurisconsultes.

Ce conseil judiciaire est créé dans l'intérêt des associés et des administrateurs. Ses fonctions consistent à donner son avis sur toutes les affaires contentieuses, à éclairer, en cette matière, la marche de l'administration, par des consultations qui doivent être écrites et demeurer dans les bureaux pour la justification des administrateurs.

Le conseil judiciaire n'encourt aucune responsabilité pécuniaire par suite des consultations qu'il donne. On n'a de recours contre lui qu'en cas de dol.

Il peut être nommé pour toute la durée de la société, parce qu'il n'est pas administrateur. Quand il est nommé pour un certain temps, ses fonctions ne cessent que lorsqu'il est révoqué ou remplacé.

SECTION VIII.

Commissaire du Gouvernement.

Afin d'assurer l'exécution des clauses et stipulations de l'acte social et des conditions mises à l'ordonnance d'autorisation, le gouvernement institue auprès de la société anonyme, un agent permanent chargé de suivre toutes les opérations de la société, d'assister à toutes les délibérations de l'administration, de rendre au gouvernement un compte exact de tous les actes sociaux et de donner son avis sur ceux de ces actes qui pourraient constituer des infractions aux statuts.

Ce commissaire est nommé par le ministre du commerce et payé par la société.

Le gouvernement semble avoir renoncé à nommer de ces agents auprès des sociétés anonymes; mais il en existe encore auprès des compagnies de chemins de fer.

CHAPITRE IX.

Droit des tiers.

Les tiers qui traitent avec la société anonyme légalement établie n'acquièrent de droits que contre elle; ils ne peuvent agir contre les administrateurs.

La société est valablement assignée par les tiers, dans la personne des administrateurs; c'est contre ceux-ci que les condamnations sont prononcées, mais elles ne peuvent être exécutées que sur les biens de la société et non sur ceux des gérants, si ce n'est pour cause de dol ou de faute et à titre de dommages-intérêts.

En cas d'insuffisance de l'actif social, les tiers peuvent obtenir la liquidation de la société et même une déclaration de faillite. Les créanciers ont dès lors qualité pour agir directement contre les associés qui n'auraient pas versé le montant de leurs actions.

Pendant l'existence de la société, les créanciers n'ont aucune action contre ces associés.

Les créanciers d'une société anonyme qui ne peut pas acquitter son passif, ont le droit de vérifier les inventaires, et de s'assurer que les répartitions qui ont été faites n'ont porté que sur des bénéfices nets et régulièrement constatés.

La société n'est engagée vis-à-vis des tiers qui ont traité avec elle que dans les limites des pouvoirs conférés, par les statuts, aux divers fonctionnaires chargés de la représenter. Tout traité consenti en dehors des bornes du mandat donné à celui qui a souscrit le traité ne saurait engendrer aucun droit contre la société.

Un pareil traité donnerait-il lieu à une action personnelle contre l'administrateur qui aurait déclaré agir au nom de la société?

On soutient pour la négative que la publicité que reçoivent les statuts des sociétés anonymes ne permettent pas aux tiers de prétendre qu'ils n'ont pas connu les limites des pouvoirs conférés aux agents, celui qui a contracté en dehors de ces pouvoirs a manifesté suffisamment qu'il n'entendait pas s'engager personnellement en n'agissant qu'au nom de la société; il ne s'est donc pas engagé lui-même.

Mais nous croyons, ainsi que nous l'avons déjà dit, que le mandataire doit subir les conséquences de la faute qu'il a commise en dépassant ses pouvoirs et réparer le préjudice qu'il a causé à celui qui a traité avec lui.

Les tiers ne peuvent exercer de recours contre les signataires des actes sociaux qui n'ont, ni expressément, ni tacitement, participé aux opérations faites avant l'obtention de l'autorisation impériale. Les associés qui ont pris part à ces affaires en gardent toute la responsabilité avec les administrateurs.

Les tiers n'ont d'action contre la société à dater du jour indiqué dans le projet d'acte social, même enregistré, comme point de départ de la société, que si ce jour a été maintenu par l'ordonnance d'approbation; car la société ne peut dater son existence que du jour où elle a été approuvée (Cassation, 1er avril 1834).

Cependant il en serait autrement s'il s'agissait d'engagements qui, bien qu'antérieurs à l'autorisation, auraient eu pour objet et pour résultat d'amener la mise en œuvre de la société et qui, s'ils n'avaient pas été contractés avant l'autorisation, en eussent été la suite nécessaire, car le paiement de telles dettes serait un légitime emploi du fonds social.

CHAPITRE X.

Dissolution de la société anonyme.

La dissolution de la société est la rescision, la rupture du contrat qui entraîne la cessation des opérations qui en faisaient l'objet.

L'article 1865 du Code Napoléon indique les divers modes de dissolution des sociétés en général. Nous allons les examiner et voir comment ils s'appliquent à la société anonyme.

Les causes de dissolution, aux termes de la loi, sont les suivantes : l'expiration du temps pour lequel la société a été constituée; l'extinction de la chose ou la consommation de la négociation; la mort de quelqu'un des associés; l'interdiction ou la déconfiture de l'un d'eux; la volonté qu'un seul ou plusieurs expriment de n'être plus en société.

Le premier mode de dissolution, l'expiration du temps, s'applique à la société anonyme qui prend fin quand le temps stipulé dans les statuts est expiré.

Si l'indication du terme n'a été que l'expression probable du temps nécessaire à l'entreprise, on parvient, en s'adressant à la justice, à obtenir une prolongation dans le but de finir les opérations. Les tribunaux devront, en pareil cas, examiner si la prolongation est dans l'esprit de l'autorisation impériale, ou s'il est nécessaire de solliciter une nouvelle autorisation du gouvernement.

Si les opérations sociales s'étaient accomplies dans un espace de temps moindre que le temps stipulé, la société aurait fini avec sa cause.

Lorsque le terme est fixé par l'indication d'une condition, on pourra n'être pas d'accord sur l'accomplissement de cette condition; il faudra donc consulter les termes du contrat et l'intention des contractants. Peut-être sera-t-il nécessaire de s'adresser aux tribunaux; mais le jugement qui interviendrait en pareil cas n'opérerait pas la dissolution de la société. Ce jugement ne ferait que statuer sur une interprétation du contrat et constater que la condition est ou n'est pas accomplie.

La société anonyme finit par l'extinction de la chose. Ce mode de dissolution est de l'essence même du contrat de société qui, aux termes de l'article 1832 du Code Napoléon, est celui par lequel plusieurs personnes conviennent de mettre quelque chose en commun dans la vue de partager les bénéfices qui pourront en résulter. Quand il n'y a plus de chose commune, il n'y a plus de société.

Il arrive très-souvent qu'une société anonyme exploite plusieurs affaires. Si la chose qui est détruite est telle que sa perte n'empêche pas la société de continuer ses opérations, il n'y aura pas dissolution de la société.

En cas de perte d'une chose dont la société anonyme n'est pas propriétaire, mais qui lui a été promise par le contrat de société, il y a lieu de distinguer; ou bien cette chose peut être remplacée par les signataires qui l'ont promise, ou elle ne le peut pas; dans la première hypothèse il n'y aura pas lieu à dissolution, il en sera autrement dans la seconde. En effet, les associés se sont engagés en vue de la chose détruite et qui ne serait devenue propriété sociale qu'après tradition.

On peut assimiler à l'extinction de la chose, l'épuisement des capitaux. Si les sommes composant le fonds social avaient été dépensées en totalité sans résultat ou si ce fonds était devenu insuffisant pour continuer les opérations, il y aurait lieu à dissolution.

La consommation de la négociation met fin à la société anonyme; le contrat finit avec sa cause.

La mort de quelqu'un des associés ne dissout pas la société anonyme. Cette société n'est qu'une réunion de capitaux dans laquelle les associés peuvent, quand ils le veulent, renoncer à leur qualité. Aucun d'eux ne s'engage en vue des personnes, mais tous entrent dans la société en vue de l'objet mis en commun.

La mort d'un gérant ne donne pas lieu à la dissolution. Les gérants sont de simples mandataires, libres de se retirer à tout moment, parce que leur retraite ne cause aucun dommage à la société qui, de son côté, peut les révoquer.

L'interdiction, la déconfiture ou la faillite d'un associé n'influent pas plus que sa mort sur la durée d'une société anonyme.

Les causes de dissolution dont nous venons de parler sont celles qui mettent fin à la société de plein droit et sans qu'il soit nécessaire de la faire prononcer en justice; il en est de même du consentement de tous les associés dont nous allons nous occuper.

Les contrats se délient de la même manière qu'ils se forment; si tous les associés consentent à cesser d'être en société, leur consentement unanime opérera la dissolution de la société.

Ce mode de dissolution s'applique à la société anonyme. Mais les associés doivent notifier l'acte de dissolution au public dans les formes exigées par la publication de l'acte de société même.

Les causes qui ne mettent pas fin à la société de plein droit, mais donnent droit aux associés de demander la dissolution sont de deux espèces : les causes déterminées et la volonté que l'un ou plusieurs des associés expriment de n'être plus en société. Chaque fois qu'il y a dissolution pour l'une de ces causes, elle n'a lieu qu'à compter du jour de la demande et non du jour de l'existence de la cause.

L'article 1871 du Code Napoléon dispose que la dissolution d'une société à terme ne peut être demandée par l'un des associés avant le terme, qu'autant qu'il y en a de justes motifs. Ce mode de dissolution s'applique à la société anonyme.

Le législateur laisse aux tribunaux l'appréciation des motifs sur lesquels sont fondées les demandes en dissolution. Il n'a pas entendu que ces motifs soient seulement les causes de multité ou de rescision applicables aux conventions en général, mais il a voulu admettre d'autres motifs de résolution particuliers au contrat de société; autrement la disposition de l'article 1871 (C. Nap.) serait insignifiante et inutile (Malepeyre et Jourdain).

Les statuts approuvés peuvent indiquer quelque cause de dissolution. Ainsi l'instruction ministérielle du 11 juillet 1818 exige que l'on insère toujours dans les statuts que la société sera dissoute et liquide si le dernier inventaire constate la perte d'une quantité déterminée du capital.

La volonté d'un ou de plusieurs associés de ne pas rester en société ne cause pas la dissolution d'une société anonyme. Cependant un associé peut demander cette dissolution en alléguant de justes motifs.

La Cour de Paris a décidé que le refus d'admettre un actionnaire aux assemblées générales, autorisait cet actionnaire à se retirer de la société et à se faire rembourser sa mise (3 janvier 1859). Mais il faut pour cela que cet actionnaire satisfasse aux conditions établies par les statuts, pour l'admission aux assemblées générales.

Après la dissolution de la société, les rapports des associés sont entièrement changés; il n'existe qu'une communauté d'intérêts; les pouvoirs des gérants cessent, toute négociation nouvelle leur est interdite.

Quand la société finit au terme qui lui est assigné, toute convention qui ne se réfère pas à des faits accomplis, est nulle de droit, parce que personne, ni associés, ni tiers ne peut prétexter d'ignornace.

Si la société, soit illimitée, soit à terme, a été dissoute pendant qu'un des associés en voyage s'occupait des affaires sociales, toutes les transactions qu'il aura faites avant de connaître la dissolution sont valables.

La dissolution n'a d'effet à l'égard des tiers, que si elle a été régulièrement publiée; autrement ils peuvent demander l'exécution des engagements contractés au nom de la société.

APPENDICE.

DES SOCIÉTÉS ANONYMES ÉTRANGÈRES.

La question de savoir si les sociétés anonymes étrangères peuvent venir fonctionner et s'établir en France, sans autorisation préalable, a été résolue par la loi du 30 mai 1857.

Longtemps avant la promulgation de cette loi, nos tribunaux, sous l'influence d'un sage libéralisme, ainsi que le dit M. Dalloz, avaient reconnu aux sociétés étrangères et notamment aux sociétés belges, le droit d'agir en France. Il en était de même en Belgique, les sociétés françaises étaient légalement autorisées devant les tribunaux.

Cependant vers 1840 des doutes s'élevèrent parmi les tribunaux belges, et la Cour de cassation de Bruxelles se prononça en sens divers.

De graves difficultés pouvaient naître d'une pareille jurisprudence. Le gouvernement français s'en émut, et le 27 février 1854 la convention suivante intervint entre les deux États : « La faculté de faire valoir leurs droits devant les tribunaux belges étant contestée aux sociétés anonymes françaises, et des inconvénients sérieux pouvant

8

résulter de cet état de choses pour les associations commerciales, industrielles ou financières des deux États; le gouvernement de S. M. le roi des Belges s'engage à présenter aux chambres législatives, dans le délai d'un an, un projet de loi qui aura pour objet d'autoriser les sociétés anonymes et les autres associations qui sont soumises à l'autorisation du gouvernement français et qui l'auront obtenue, à exercer tous leurs droits et à ester en justice en Belgique, conformément aux lois du pays, moyennant la réciprocité de la part de la France. » — En exécution de cette promesse, le gouvernement belge a promulgué, le 14 mars 1855, une loi qui autorise les sociétés anonymes commerciales, industrielles ou financières françaises, à exercer tous leurs droits et à ester en justice en Belgique, toutes les fois que les associations de même nature légalement établies en Belgique, jouiront des mêmes droits en France. »

L'article 2 de cette loi autorise le gouvernement belge à étendre, moyennant réciprocité, le même bénéfice aux sociétés de tout autre pays.

Cette condition de réciprocité suscita encore quelques embarras aux sociétés françaises. Le gouvernement en eut connaissance et la loi du 30 mai 1857 fut promulguée.

Cette loi porte : « Art. 1er. Les sociétés anonymes et les autres associations commerciales, industrielles ou financières qui sont soumises à l'autorisation du gouvernement belge et qui l'ont obtenue, peuvent exercer tous leurs droits et ester en justice en France, en se conformant aux lois de l'Empire. — Art. 2. Un décret impérial, rendu en Conseil d'État, peut appliquer à à tout autre pays le bénéfice de l'art. 1er. »

Cette loi ne pose pas la condition de réciprocité, et laisse au gouvernement l'appréciation des motifs qui pourront le déterminer à étendre le bénéfice de l'art. 1er à d'autres pays.

Un décret du 7 mai 1859 a étendu aux sociétés anonymes et aux autres associations commerciales, industrielles ou financières qui sont soumises, en Turquie et en Égypte, à l'autorisation du gouvernement et qui l'ont obtenue, la faculté d'exercer tous leurs droits et d'ester en justice en France, en se conformant aux lois de l'Empire.

La négociation à la bourse de Paris et dans les bourses départementales des titres émis par les compagnies de chemins de fer construits en dehors du territoire français, est soumise aux lois qui sont applicables à la négociation des valeurs françaises de même nature. Un décret du 22 mai 1858 détermine de plus certaines conditions particulières pour la négociation des valeurs étrangères.

Enfin un décret du 16 août 1859 est venu modifier en un seul point le décret du 22 mai de la même année.

PROPOSITIONS.

DROIT ROMAIN.

1° Lorsqu'un jour a été fixé pour le paiement d'une dette, le débiteur est constitué *in morâ* à l'avénement du terme, sans qu'il soit nécessaire de sommation de la part du créancier.

2° Le débiteur constitué *in morâ* ne répond pas de la perte de la chose due, s'il est prouvé que cette chose eût également péri entre les mains du créancier.

3° Une erreur de droit peut donner lieu à la *condictio in debiti* aussi bien qu'une erreur de fait.

4° Se rend coupable de vol quiconque sait que la chose qu'il reçoit en paiement ne lui est pas due.

DROIT CIVIL FRANÇAIS.

1° L'étranger légalement divorcé dans son pays peut contracter un nouveau mariage en France.

2° Les père et mère d'un enfant naturel reconnu n'ont droit à aucune réserve sur la succession de cet enfant.

3° Le propriétaire de deux maisons contiguës réunies en une seule, qui a loué à un commerçant une boutique dépendant de l'une d'elles, ne peut, même en l'absence de clause prohibitive, louer une boutique dépendant de l'autre à une personne exerçant une industrie analogue.

4° La femme séparée de biens contractuellement, à qui son contrat de mariage n'impose qu'une partie des charges du ménage, n'en est pas moins tenue de supporter toutes ces charges en cas d'insolvabilité du mari.

5° Le propriétaire d'une maison louée à une personne qui est décédée par suite d'un accident n'est pas recevable à former contre l'auteur responsable de cet accident une demande en dommages-intérêts fondée sur le préjudice que lui cause la cessation du bail stipulé résoluble au cas de mort du preneur.

DROIT CRIMINEL.

1° La loi punit la diffamation de la mémoire d'un mort comme celle d'une personne vivante.

2° La concubine qu'un mari est convaincu d'avoir entretenu au domicile conjugal est passible des peines de la complicité, lors même que cette concubine est mariée et que son mari n'a pas porté plainte.

DROIT COMMERCIAL.

1° L'exploitation d'une charge d'agent de change ne peut être l'objet d'une société même en commandite.

2° Lorsque l'objet de contestation portée devant un tribunal de commerce est d'une valeur au-dessous de 150 francs, les juges sont obligés d'admettre la preuve testimoniale.

DROIT DES GENS.

1° Les crimes et délits commis par un étranger sur d'autres étrangers, à bord d'un navire de commerce étranger amarré dans un port français, sont soumis à la juridiction française, lorsqu'il ne s'agit pas d'un simple manquement à la discipline du bord dans l'examen duquel l'autorité française ne peut s'immiscer, mais d'un délit de droit commun.

2° Les sujets de l'une des puissances qui ont participé ou adhéré à la déclaration du congrès de Paris du 16 avril 1856, portant que *la course est abolie*, peuvent être traités comme pirates par ces *mêmes puissances*, s'ils se font délivrer des lettres de marque par une puissance qui n'a pas donné son adhésion à la déclaration.

Vu par le soussigné,
doyen président de l'acte public.
Strasbourg, le 11 juillet 1860.
C. AUBRY.

Permis d'imprimer.
Strasbourg, le 12 juillet 1860.
Le Recteur de l'Académie,
DELCASSO.

TABLE DES MATIÈRES.

PAGES.

DROIT ROMAIN.

DE LA COMPENSATION.

DROIT FRANÇAIS.

DES SOCIÉTÉS ANONYMES.

APPENDICE.

www.ingramcontent.com/pod-product-compliance
Ingram Content Group UK Ltd.
Pitfield, Milton Keynes, MK11 3LW, UK
UKHW021100260726
13994UKWH00002B/624

9 782329 370330